RUSSIAN FOR TRADE NEGOTIATIONS WITH THE USSR

RUSSIAN FOR TRADE NEGOTIATIONS WITH THE USSR

by

James S. Elliott

Slavica

For a list of some other books from Slavica, see the last pages of this book. For a complete catalog, with prices and ordering information, write to:

Slavica Publishers, Inc.
P.O. Box 14388
Columbus, Ohio 43214

ISBN: 0-89357-084-2

The simulation aspects of this text are based upon a trade simulation authored by Gary Bertsch and James Rosenbluth.

This work was developed under a grant from the Office of Education, Department of Health, Education and Welfare, under the authority of Title VI, Section 602, NDEA.

Printed in the United States of America.

TABLE OF CONTENTS

TABLE OF CONTENTS

INTRODUCTION

Ever since the beginning of detente and the growth of Soviet-American trade in the early 70's, Slavicists interested in applied linguistics have been talking about something usually called "Business Russian." Understandably this has been a poorly understood term, since most linguists have traditionally had little training and even less real interest in business. In a period where the number of students studying a particular subject has been crucial, Business Russian has been seen as a means of increasing enrollment. From the student's point of view, Business Russian has been visualized as a sure-fire method of getting a job. While none of the above views are completely erroneous, the only justification for any product in a free market is that it satisfies a real need. What is the need of American business for Business Russian?

There are a number of areas in which a Russian-speaking businessman would be very valuable to an American company. The most frequent kind of interaction between Russian and American businessmen occurs at trade fairs or exhibits and at subsequent negotiations arising from initial contacts. At the exhibits, American businessmen often see Soviet officials who represent end-user ministries, and who are thus in a position to influence the initiation of negotiations with a given firm. At this stage, high-level salesmanship is a very subtle art which is very difficult to practice effectively through a Soviet interpreter. It can be a problem just getting the interpreter physically in the right place to intercept someone of importance who is passing by an exhibit. The greatest problem, however, is that Soviet interpreters rarely understand American businessmen and American technology, and they might have only a rudimentary knowledge of the Soviet industry in question.

A knowledge of Russian would make available to the American businessman another facility which he takes for granted on his own turf. That is the use of the telephone. If he is non-Russian-speaking, he is limited to conveying the most rudimentary telephone messages via a Soviet interpreter or bilingual secretary. He must arrange formal meetings to transact business that would be conducted over the phone in the U.S. This adds to the time he must spend in the U.S.S.R. and thus increases his costs of doing business, as well as limiting his facility for making contacts in the Soviet Union.

When affairs have progressed to the stage of negotiations, again the services of the Soviet supplied interpreter are normally utilized. While some of the interpreters (by no means all) are adequate from the viewpoint of technical knowledge, it is exceedingly difficult to convey the customary tough, aggressive stance of the American negotiator through an interpreter who owes her very existence to a rigid and ruthless bureaucracy. Even where she has the linguistic facility to convey the tone of the English, she will often soften it to avoid being a party to offending the Soviet side. It is here that the Russian-speaking American can monitor what is being translated and amend it where necessary. At the same time he will understand the Russian response and be able to think while it is being translated into English. This is precisely the way that English-speaking Soviet negotiators now function.

A knowledge of Business Russian should be indispensable for the official company representatives in the twenty-five or so representational offices in Moscow. These people need to interact on both a business and social level with Soviet trade and industry representatives, but the majority of them still rely almost exclusively on bilingual secretaries, interpreters and English-speaking Soviets.

A very important part of negotiations in any Soviet-American deal is the technical presentation. Subsequent to the signing of a contract, technical documentation is normally required to accompany the machinery or process being sold. Here, a very technical level of Russian is necessary for the presentation during negotiations and for translating drawings and operating manuals later. This is a very specialized part of the overall concept of Business Russian, and in most cases even the Russian-speaking American businessman cannot dispense with the services of a specialist in technical translation. This does not mean, however, that he should not be conversant with the technical vocabulary of his products. Such knowledge would make him much more effective for informal selling during the initial contact phase.

Given the above-stated needs of the American business community, how can the academic community respond? What are the implications for the sutdent? In the above cases we have always referred to the American businessman. For the student who has no interest or training in business, a knowledge of Busi-

ness   Russian is of little value.   A company will not
hire anyone just because he knows Russian.   Business
Russian is for the student of business or of one of
the technical fields, or for the Russian major who is
willing to get a Master of Business Administration degree.

Having stated the need and audience for Business
Russian, what should the content of such a course be?
As disciplines are organized academically, the concepts and vocabulary of several different ones must
be included in the language that an American businessman needs to communicate with his Russian counterpart.
When he comes to the negotiating table, he will be
dealing with such disciplines as Banking and Finance,
Business Law, Economics, International Trade, Transportation, and the technical vocabulary of his product.   These disciplines also exist in Russian, but
they are very different in structure and content.

For almost anyone who studies Business Russian,
some instruction is needed about the structure of
foreign trade in the Soviet Union as it relates to
Soviet-American trade.   Because there is a government
monopoly of foreign trade and a centrally planned e-
conomy, there are special problems in interfacing with
a basically free market economy such as that of the
U.S.   Most students need some information about how
international financing is accomplished and some of
the basic terms and concepts of transportation.

The American needs the Russian vocabulary and
business idiom to encode his own message and decode
the Russian response.   He does not need to be able
to discuss theoretical problems in any of the disciplines either from the American or Russian perspective.   Consequently, he does not need to master each
of the disciplines in Russian, he only needs to ex-
press what is relevant for making his deal.   This
can be depicted in the simple diagram at the end of
this introduction.

The primary goal of this text is to present the
vocabulary and phraseology used in Soviet-American
trade.   In order to bring together the vocabulary of
the diverse fields which play a role in such trade,
the student is presented with sufficient background
information in Russian to enable him or her to simu-
late the role of one of the primary actors in a business deal.   When reading this material, the native
speaker of Russian will probably feel some influence
from English.   This is due partially to the original
text's having been translated from English, but also

7

because the Russian language of trade has generally been strongly influenced by English. The terminology and syntax here have been approved by numerous native speakers who have been educated in the Soviet Union and who have worked in foreign trade.

The student of Business Russian should be aware that the goal of this course is not to train him to conduct negotiations in Russian, even though that method is utilized here for language training. A realistic goal for a non-native speaker is to be able to follow bilingual negotiations with complete understanding while retaining the use of a competent translator, and to be able to communicate effectively about ones product in an informal setting. The author hopes this book will be an assistance in realizing that goal.

English	BUSINESS RUSSIAN	Русский
Banking and Finance		Методы финансирования
Business Law	encode →	Материальное право
Economics		Экономика
Foreign Trade	decode ←	Внешняя торговля
Transportation		Транспорт
Technology		Техника

A NOTE TO THE TEACHER

The first part of this book through the section dealing with contracts is basically designed according to the prepared text methodology. The student should prepare at home an assigned portion of the text and do the corresponding exercises for that portion of the text. Both the questions to answer in Russian and the sentences to be translated into Russian follow the text closely, so there should be no difficulty in coordination. The first activity of the class period should be to have students read aloud portions of the prepared text. Since most of the vocabulary items have been glossed in word lists following the textual divisions, very little translation should be necessary. The teacher should be sure, however, that all students understand the text, and translation into English is certainly acceptable. If the impediment to understanding is not linguistic, but rather a failure to understand a business principle, a quick explanation should be given in English or Russian, depending upon how advanced the students are and upon how comfortable the teacher is in departing from the prepared text. Since the goal is primarily to acquire an oral facility in Business Russian, however, the majority of each class period should be devoted to intensive question-answer drills in Russian over the prepared text.

In many cases, the written exercises are somewhat literary in style, and they should be posed in class in a more conversational manner. Students often have a tendency to answer the questions orally exactly as they have taken them from the text. This is acceptable in the beginning, but as the vocabulary and trade concepts become more familiar, they should be encouraged to answer in a more conversational manner.

As the teacher and students become more familiar with the material, the ideal classroom activity would be as follows: a student would read a portion of the prepared text, and then the teacher would initiate a discussion of what the student had read by posing questions. Depending upon the linguistic facility of the students, a variation would be to have students also ask the questions, and even to suggest their own questions which might not have appeared in the exercises. Each teacher will have his or her own approach to correcting errors, but the following might be helpful. Errors in written work should, of course, be corrected without hesitation. In oral speech, however, too much correction can be very inhibiting. The goal of this course is functional communication, rather than flawless grammar and pronunciation. Bearing this in mind, errors that do not seriously impede comprehension can go uncorrected, at least during the oral question-and-answer period.

For both teacher and student there might be trade concepts which are initially difficult to understand. Do not be daunted by this, but pose these problems as challenges to the students. The primary goal of the student is the language, but he or she will also want to know as much about Soviet-American trade as possible. Both student and teacher will benefit greatly by researching these questions. It is very likely that a local businessman or a member of the business faculty can readily answer any questions, and it might be possible to arrange a guest lecture. One can also go to the reference librarian or write to the Bureau of East-West Trade, U.S. Department of Commerce.

Additional instructions for the staging of trade simulations will be found preceding the scenarios at the end of this book. They should be read as soon as possible, so that if simulations are planned, the teacher will be able to begin thinking about team assignments very early in the course.

On the Word Lists

The word lists are designed to aid the student in quick comprehension of the text. The words occur in the order in which they occur in the text, and all of the words appearing in these lists are alphabetized at the end of the book. The translations are based on the given context in which they occur, and no effort was made to give a comprehensive definition of any single item. Alphabetization of phrases was based on what the author judged to be the most important element in the phrase.

ПЕРВЫЙ РАЗДЕЛ

ВЕДЕНИЕ ПЕРЕГОВОРОВ С СОВЕТСКИМИ ПРЕДСТАВИТЕЛЯМИ

В этом разделе внимание будет сосредоточено на процессе ведения переговоров о торговой сделке между СССР и США. Опытные американские бизнесмены, специалисты по сбыту, отмечают, что ведение переговоров в Советском Союзе не похоже на то, что происходит в других странах мира. Переговоры обычно длятся дольше и дороже обходятся фирме, а результаты их труднее предугадать, чем в других странах. У американских деловых представителей часто возникают большие трудности, которые труднее разрешить, чем где бы то ни было при аналогичных обстоятельствах. Помимо этого, советские представители, ведущие торговые переговоры, одни из самых искусных в мире, что затрудняет заключение выгодных сделок. В общем, ведение переговоров с Советским Союзом может оказаться дорогостоящей, утомительной и затяжной процедурой - особенно, когда американский участник новичок на советском рынке.

Во многих случаях советское Всесоюзное Экспортно-импортное Объединение (В/О) является единственной организацией, с которой американская фирма поддерживает контакт в СССР. Советские В/О являются самостоятельными государственными организациями, пользующимися правами юридического лица. Они являются специализированными внешнеторговыми организациями, и каждое имеет право заниматься торговлей товарами определённой номенклатуры либо услугами, связанными со строго ограниченной сферой внешнеэкономических связей. Можно сказать, что В/О имеет монополию над своими товарными группами.

Управление В/О осуществляется президентом и некоторыми вице-президентами. Основной структурной единицей организационного построения В/О является фирма (столбец III, Рис. 1). Вся товарная номенклатура В/О распределяется между соответствующими фирмами. Деятельностью фирмы руководит генеральный директор, у которого имеются заместители. Генеральный директор находится в непосредственном подчинении президента или вице-президента В/О, но при выполнении внешнеторговых сделок он непосредственно сносится по всем делам с министерствами, ведомствами, учреждениями, и заводами-поставщиками и заказчиками экспортных и импортных товаров.

Оперативные работники фирмы являются товароведа-

Рис. 1

ТИПОВАЯ СТРУКТУРА ОРГАНИЗАЦИОННОГО ПОСТРОЕНИЯ В/О

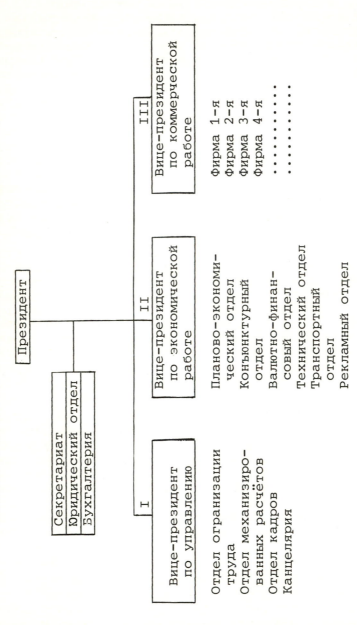

Adapted from: Феонова Л.А., Постоленко М.Л., Никитин С.П., ОРГАНИЗАЦИЯ И ТЕХНИКА ВНЕШНЕЙ ТОРГОВЛИ СССР. (Учебник для эконом. вузов.) Москва, "Междунар. отношения," 1974.

ми и инженерами. Они занимаются подготовкой, заключением, и выполнением контрактов купли-продажи. Они
и ведут переговоры с иностранными представителями.

При ведении торговых переговоров В/О принимает
от иностранных фирм предложения по ценам на товары,
закупка которых находится в их компетенции. В/О является представителем промышленного предприятия,
строительной организации, государственного комитета
или министерства, которое желает осуществить данную
сделку. Как правило, представители В/О встречаются
с представителями от трёх до шести потенциальных поставщиков для обсуждения спецификации и цен. Когда
технические переговоры закончены, В/О рекоминдует Министерству внешней торговли(МВТ), с какой фирмой следует заключить контракт. После получения одобрения
МВТ представители В/О и МВТ начинают переговоры по
существу с потенциальным поставщикам с целью составления проекта контракта. В прошлом американские бизнесмены вели переговоры исключительно с представителями В/О и МВТ и очень редко встречались с представителями заказчика. Замечено, однако, что эта тенден-
цин ослабляется и что теперь представители заказчика
часто присутствуют на переговорах.

В случаях, где представители заказчика участву-
ют в переговорах, американскому представителю приходится иметь дело с двумя, тремя или даже четырмя
группами представителей во время переговоров. На
разных этапах переговоров в них могут участвовать
рабочий персонал завода, сотрудники соответствующего министерства, МВТ и представители соответствующего В/О.

Переговоры обычно ведутся в служебных помещениях организации, участвующей в сделке. Если советские представители будут устанавливать контакт с
представителями американской фирмы на выставке или
на советской ярмарке, то возможно, что переговоры
частично или полностью будут проводиться в специаль-
ных конференц-залах на территории выставки или вблизи неё. В других случаях, как например, при заключении сделки о закупке зерна в 1972 году или при за-
купках оборудования для КАМАЗ, сотрудники МВТ или
В/О могут приехать в США для передачи предложения с
ценой. Однако, это случается очень редко, и такой
случай следует считать исключением, а не правилом.

Большинство В/О находится в здании МВТ в самом
центре Москвы. А те В/О, которые расположены не в
этом здании, обычно находятся вблизи, что удобно для
американской торговой делегации. В будущем, несколь-

ко В/О будут перемещены в новые здания, которые теперь строятся, но это ещё не осуществилось. Обычно переговоры с В/О ведутся в большом зале в МВТ, хотя иногда организуются поездки на участок, где будет установлено оборудование. Технические переговоры и переговоры о контракте, обычно проводятся в Москве, хотя обсуждение технических вопросов может вестись в другом месте.

Длительность процесса переговоров является одной из основных причин их высокой стоимости для американских фирм. Простые сделки могут быть заключены в течение двух - десяти недель, при этом активные переговоры могут длиться несколько месяцев или даже более года. Были случаи, когда переговоры о строительстве завода до стадии полной готовности к эксплуатации затягивались до четырёх лет. Переговоры можно завершить в три-четыре недели при минимальных разногласиях между сторонами и использовании стандартной формы контракта без существенных изменений. Даже при полном согласии между обеими сторонами относительно условий контракта можно ожидать длительных и активных переговоров из-за цены и условий финансирования. Нередко бывает, что советские участники стараются снизить цены путём использования конкуренции между американскими, европейскими и японскими фирмами. Советская сторона часто ведёт переговоры об одной и той же сделке одновременно с несколькими фирмами в разных залах МВТ. Может показаться, что советские представители считают переговоры игрой или соревнованием между ними и приехавшей торговой делегацией. А другими очевидно, что советские участники - умелые торговцы, которые стараются заключить как можно более выгодную сделку.

Процесс переговоров часто состоит из четырёх этапов. Первый этап: Первоначальный контакт или приглашение сделать заявку на контракт поступает обычно от В/О или всесоюзного министерства, которое собирается заключить контракт. Советские представители сообщают потеяциальным продавцам, что их оборудование, процесс, опыт или технология (ноу-хау) может удовлетворить нужды текущей Пятилетки. Их приглшают приехать в Москву, чтобы сделать техническое предствление заинтересованным советским организациям и предложить их возможности для разрешения специфических проблем на советском предприятии. Когда дело касается только продажи существующих товаров или оборудования, то переговоры ведёт В/О, ведающее закупками этой товарной группы. Когда сделка более сложная и включает передачу технологии или продажу оборудования для строящегося завода, всесоюзное министерство, которое ведает проектом, обычно устанавливает контакт с соответствующими поставщиками.

Второй этап: После первого контакта, который обычно осуществляется по почте или по телеграфу, фирму, претендующую на контракт, просят сделать техническое представление советскому заказчику. Во время этих переговоров инженеры и технические консультанты должны попытаться выяснить специфическое применение их оборудования или технологии в случае приобретения их советским покупателем. Для этого они должны получить от советских представителей все необходимые данные, чтобы быть в состоянии удовлетворить советские требования. В то же время американские представители должны предоставить потенциальным заказчикам подробное описание своего оборудования, проектную характеристику, методы его использования, возможности и пределы его использования.

Особенно важным для советского заказчика на этом этапе является анализ возможности применения данного оборудования или технологии для специфических целей Пятилетки. Американская делегация должна попытаться составить подробное предложение, излагающее метод внедрения данного оборудования применительно к советским условиям. Для этой цели нужно, чтобы американская делегация привезла с собой в Москву необходимых специалистов и материалы. Часто бывает очень трудно срочно приобрести специальные чертёжные принадлежности, пишущие машинки и другие материалы.

Техническое представление делается перед аудиторией, состоящей, главным образом, из инженеров и сотрудников министерства, тесно связанных с проектом, или специалистов по данному типу оборудования. Эти люди рекомендуют своему министерству фирмы, которые больше всего отвечают их требованиям.

Третий этап: Как только данное министерство примет решение вести переговоры о заключении контракта с одной из претендующих на получение контракта фирм, организуется второе техническое обсуждение, при котором устанавливаются конструктивные и эксплуатационные спецификации и параметры. И в этом случае советскими участниками скорее всего будут инженеры, связанные с этим проектом, учёные или квалифицированный технический персонал. Они могут быть сотрудниками министерства, заинтересованного в проекте или представителями соответствующего В/О. При необходимости представитель Государственного комитета Совета Министров СССР по науке и технике и/или представители другой заинтересованной организации принимают участие в перегово-

15

ах. Если В/О ещё не включилось в работу, то можно ожидать, что представитель МВТ будет участвовать в переговорах и руководить их ходом. Цель этой серии переговоров заключается в определении эксплуатационных спецификаций оборудования или технологии, о закупке которого будет подписан окончательный контракт. Таким образом советские участники смогут убедиться в том, что покупаемое ими оборудование будет удовлетворять их требования и будет функционировать эффективно и экономично. Американские представители должны принять во внимание эксплуатационные характеристики оборудования, чтобы их фирма была в состоянии удовлетворить все требования советской стороны. Следует заметить, что советские представители точно выполняют свои обязательства по контракту и ожидают того же от фирмы-поставщика. Поэтому эта фирма должна быть полностью готова к выполнению всех спецификаций и условий соглашения.

Четвёртый этап: После того, как технические специалисты удостоверятся в том, что данное оборудование отвечает их требованиям, начнётся четвёртый этап процесса переговоров. Этот последний этап включает переговоры с сотрудниками МВТ или В/О о цене, условиях поставки, страховании и т.п. Эти переговоры могут быть довольно длительными и очень напряжёнными. Сотрудники советского В/О - очень искусные специалисты по ведению переговоров, прошедшие специальную подготовку в МВТ, и хорошо осведомлены о технических требованиях заказчика. Хотя получение прибыли не является основной целью В/О, тем не менее, представители В/О очень соревнуются друг с другом и чрезвычайно преданы своей торговой организации.

Переговоры на четвёртом этапе ведутся для того, чтобы выработать отдельные пункты, которые будут включены в контракт о продаже. Сюда относятся цена и способы финансирования, условия поставки (предпочтительны условия ФОБ и ФАС), обязательства сторон, условия работы персонала, заранее оговорённые спецификации на продукцию и т.п. В/О несёт всю ответственность за эти детали и действует от имени министерства-заказчика во всех денежных операциях. Американская фирма редко заключает контракт с министерством - заказчиком. Чаще всего В/О ответственно за выполнение контракта в качестве юридического лица. Однако контракт не вступает в законную силу пока обе стороны не подпишут его условия и статьи.

Подобно тому, как невозможно в общих чертах описать типичного американского бизнесмена, также нельзя этого сделать применительно к представителю В/О, ведущему переговоры. Тем не менее некоторая информация о советских представителях, участвующих в переговорах, может быть полезной.

Как уже было упомянуто, он является высококвалифицированным и хорошо обученным специалистом больше в области ведения переговоров, чем в экономике. Вероятнее всего у него есть технический опыт в области, в которой специализируется данное В/О. Обстановка внутри организации и отношения между отдельными В/О создают дух конкуренции, причём сотрудники работают по премиальной системе. Они получают вознаграждение за экономию денег, за снижение цены рассматриваемого предложения и за заключение наиболее выгодного контракта для своего заказчика. Хотя сотрудник В/О не является капиталистом, он очень подробно осведомлён о ценах. Он не будет пытаться извлечь прибыль, но великолепно знает цену соответствующих товаров и услуг на мировом рынке.

Многие сотрудники В/О являются членами КПСС. Идея работы "на благо народа" в некоторых случаях является дополнительным стимулом для эффективного ведения переговоров. Сотрудники В/О стремятся хорошо работать при ведении переговоров ещё и потому, что образцовая работа может быть вознаграждена более ответственным положением в иерархии партии.

По существу, при ведении переговоров о контракте две стороны оказываются в положении противников, причём каждая сторона стремится получить максимальную выгоду за счёт другой стороны. Представитель корпорации однако не должен забывать, что он имеет дело с семейным человеком, у которого есть свои проблемы, стремления и заботы. Часто представляется возможность поближе сойтись с сотрудником В/О, ведущим переговоры, и обеим сторонам может оказаться полезным больше знать друг о друге. Советским людям, повидимому, нравится быть в приятельских отношениях с американцами. Нередко совместные обеды и выпивки способствовали установлению тёплых отношений. Однако, не следует ожидать, что эти товарищеские отношения окажут какое-либо влияние на ход переговоров. Как заметил один русский:

"Дружба - дружбой, а служба - службой."

17

Страница №11

пе́рвый	first
разде́л	section, module
веде́ние	conducting
перегово́ры	negotiations
ру́сский	Russian
сосредото́чен	concentrated
внима́ние	attention
проце́сс	process
торго́вый	business, trade
сде́лка	deal
о́пытный	experienced
америка́нский	American
бизнесме́н	businessman
специали́ст	specialist
сбыт	marketing, sales
отмеча́ть	to point out, to note
Сове́тский Сою́з	Soviet Union
похо́ж	similar
происходи́ть	to take place
друго́й	other
страна́	country
мир	world
обы́чно	usually
дли́ться	to last
до́льше	longer
доро́же	more expensive
обходи́ться	to cost
фи́рма	firm, company
результа́т	out-come
трудне́е	more difficult
предугада́ть	to predict
делово́й	business

представи́тель	representative
ча́сто	frequently
возника́ть	to arise
большо́й	large
тру́дность	difficulty
кото́рый	which
разреши́ть	to resolve
где́ бы то ни́ было	no matter where
аналоги́чный	analogous
обстоя́тельство	condition
поми́мо	besides
веду́щий	conducting
одни́	some
са́мый иску́сный	most skillful
затрудня́ть	to hamper, make difficult
заключе́ние	concluding
вы́годный	profitable
в о́бщем	in general
оказа́ться	to turn out, to prove to be
дорогостоя́щий	expensive
утоми́тельный	exhausting
затя́жный	drawn-out
процеду́ра	procedure
уча́стник	participant
новичо́к	new-comer
ры́нок	market
мно́гий	many
слу́чай	instance
всесою́зный	all-union
э́кспортный	export
и́мпортный	import
объедине́ние	association
явля́ться	to be
самостоя́тельный	independent

19

госуда́рственный	state, government
организа́ция	organization
по́льзующийся	enjoying, having
пра́во	right
юриди́ческое лицо́	legal entity
специализи́рованный	specialized
внешнеторго́вый	foreign trade
име́ть	to have, possess
занима́ться	to work at, to undertake
торго́вля	trade
това́р	commodity, goods
определённый	specific, definite, certain
номенклату́ра	list, schedule
ли́бо	or
услу́га	service
свя́занный	connected
стро́гий	strict
ограни́ченный	restricted, limited
сфе́ра	sphere, area
внешнеэкономи́ческий	foreign economic
связь	connection
монопо́лия	monopoly
това́рный	goods, commodity
управле́ние	management
осуществля́ться	to be implemented
президе́нт	president
ви́це-президе́нт	vice-president
основно́й	basic
структу́рный	structural
едини́ца	unit
организацио́нный	organizational
построе́ние	structure, formation
столбе́ц	column
рис. (рису́нок)	figure

20

распределя́ться	to be distributed,divided
соотве́тствующий	corresponding to
де́ятельность	activity
руководи́ть	to manage, direct
генера́льный	general
дире́ктор	director
замести́тель	deputy
непосре́дственный	direct
подчине́ние	subordination
выполне́ние	fulfillment
сноси́ться с	to communicate, deal with
министе́рство	ministry
ве́домство	department
учрежде́ние	institution
заво́д	plant, factory
поставщи́к	supplier
зака́зчик	end-user, consumer,customer

Страница №12

типово́й	model, standard
структу́ра	structure
секретариа́т	secretariat
отде́л	department, section
бухгалте́рия	accounting
экономи́ческий	economic
коме́рческий	commercial
труд	labor
механизи́рованный	mechanized
расчёт	calculation, computation
ка́дры	personnel
канцеля́рия	business office
пла́новый	planning
конъюнкту́рный	(free)market
конъюнкту́ра	market analysis
валю́тный	hard currency

фина́нсовый	financial
техни́ческий	technical
тра́нспортный	transport
рекла́мный	advertising
исто́чник	source
те́хника	technical aspects

Страница №13

операти́вный	operations, operational
рабо́тник	worker, staff member
товарове́д	commodity specialist
инжене́р	engineer
подгото́вка	preparation
контра́кт	contract
ку́пля	purchase, buying
прода́жа	sale, selling
иностра́нный	foreign
принима́ть	to accept, receive
предложе́ние	proposal
цена́	price
заку́пка	purchasing, buying
компете́нция	competence
промы́шленный	industrial
предприя́тие	undertaking, enterprise
строи́тельный	construction
комите́т	committee
жела́ть	to wish, desire
осуществи́ть	to accomplish, realize
да́нный	given
пра́вило	rule
встреча́ться	to meet with
потенциа́льный	potential
обсужде́ние	discussion
специфика́ция	specification
сле́довать	ought to, should

закóнчен	finished
рекомендовáть	to recommend
получéние	receipt
одобрéние	approval
начинáть	to begin
существó	essence, substance
цель	goal
составлéние	drawing-up
проéкт	draft, design, project
покупáтель	buyer
ослаблáться	to weaken, wane
присýтствовать	to attend, be present
имéть дéло с	to deal with
этáп	stage, period
учáствовать	to participate
сотрýдник	employee, official
помещéние	location, premises
устанáвливать	to establish
вы́ставка	exhibition
я́рмарка	(trade) fair
проводи́ться	to be conducted
специáльный	special
конферéнц-зал	conference hall
территóрия	territory, confines
вблизи́	close by
зернó	grain
оборýдование	equipment
КАМАЗ (Кáмский автопро- изводи́тельный завóд)	Kama River Truck Factory
передáча	transmitting
предложéние с ценóй	bid
случáться	to occur, happen
считáть	to consider
исключéние	exception
большинствó	majority

находи́ться	to be found
зда́ние	building
са́мый	the very, right
центр	center
распо́ложен	located
удо́бный	convenient

Страница №14

хотя́	although
иногда́	sometimes
организова́ться	to be organized
пое́здка	trip
уча́сток	site, location (general)
площа́дка	site, location (specific)
устано́влен	installed
обы́чно	usually
где́-нибудь	somewhere
друго́й	different, other
ме́сто	place
дли́тельность	duration
причи́на	reason
высо́кий	high
сто́имость	cost
просто́й	simple
в тече́ние	during
акти́вный	active, intensive
строи́тельство	construction
заво́д в по́лной гото́в- ности к эксплуата́ции	turn-key plant
затя́гиваться	to be dragged out
разногла́сие	disagreement
минима́льный	minimal
при́нят	accepted
станда́ртный	standard
суще́ственный	substantive
измене́ние	change

24

согла́сие	agreement
сторона́	side, party
относи́тельно	regarding
ожида́ть	to expect
дли́тельный	drawn-out
финанси́рование	financing
стара́ться	to attempt, try
сни́зить	to lower, decrease
путём	by means of
испо́льзование	use
конкуре́нция	competition (negative)
одновреме́нно	simultaneously
соревнова́ние	competition (positive)
делега́ция	delegation
уме́лый	skilled
очеви́дно	apparently
торго́вец	trader, businessman
состоя́ть из	to consist of
первонача́льный	initial, first
приглаше́ние	invitation
сде́лать зая́вку	to submit a bid
поступа́ть	to be received
сообща́ть	to communicate, notify
продаве́ц	seller
претендова́ть на	to aspire to
проце́сс	(production) process
о́пыт	expertise
техноло́гия	technology
но́у-ха́у	know-how
удовлетвори́ть	to satisfy
нужда́	need
теку́щий	current
Пятиле́тка	5-Year Plan
приглаша́ть	to invite

заинтересо́ванный	interested
предложи́ть	to propose
возмо́жность	possibility
разреше́ние	solution
специфи́ческий	specific
каса́ться	to concern, touch upon
существу́ющий	existing
ве́дающий	managing, being in charge
включа́ть	to include
переда́ча	transfer

Страница №15

стро́ящийся	under construction
ве́дать	to manage, be in charge of
конта́кт	contact
по́чта	mail, post office
телегра́ф	telegraph
проси́ть	to request
во вре́мя	during
до́лжен	must, should
попыта́ться	to try, attempt
консульта́нт	consultant
вы́яснить	to clarify
приобрете́ние	acquisition
путь	way, means
получи́ть	to receive, get
необходи́мый	indispensable, necessary
обеспе́чить	to provide, guarantee
тре́бование	requirement, demand
предоста́вить	to provide, make available
предлага́емый	potential, proposed
покупа́тель	buyer
подро́бный	detailed
описа́ние	description
прое́ктный	design

ме́тод	method
эксплуата́ция	operation
эксплуатацио́нный	operating
преде́л	limit
ана́лиз	analysis
предусмо́тренный	intended, stipulated
соста́вить	to draft, compose
излага́ющий	setting forth
внедре́ние	integration, inculcation
премени́тельно к	in conformity with
материа́л	material
сро́чно	quickly
приобрести́	to acquire, secure
чертёжный	drawing, drafting
пи́шущая маши́нка	typewriter
принадле́жности	equipment, supplies
аудито́рия	audience, auditorium
те́сно	closely
свя́занный	connected
специали́ст	specialist
тип	type
отвеча́ть тре́бованиям	to meet requirements
реше́ние	decision
удостове́риться	to make sure
конструкти́вный	construction
пара́метр	parameter
учёный	scholar, scientist
необходи́мость	necessity
при необходи́мости	when necessary, required
сове́т	council
мини́стр	minister
нау́ка	science
Страница №16	
ход	pace

руководи́ть хо́дом	to monitor
де́йствие	activity
се́рия	series
заключа́ться в	to consist of
определе́ние	delineation
ка́чество	quality, characteristic
подпи́сан	signed
оконча́тельный	final
таки́м о́бразом	thus
убеди́ться	to make certain, convince
покупа́емый	being bought
предме́т	article, item
функциони́ровать	to function
эффекти́вно	efficiently
экономи́чно	economically
приня́ть во внима́ние	to take into consideration
характери́стика	characteristic
заме́тить	to note, notice
то́чно	carefully, thoroughly
выполня́ть	to fulfill
обяза́тельство	obligation
по́лностью	fully, completely
поста́вка	supply
у́ровень	level
страхова́ние	insurance
весьма́	completely
напряжённый	intense, strained
персона́л	personnel
проше́дший	having undergone
подгото́вка	preparation
осведомлён	informed
конструкти́вный	engineering
вы́работать	to work out
при́быль	profit

соревнова́ться	to compete
чрезвыча́йно	exceedingly
пре́дан	devoted
пункт	point, provision
включён	included
спо́соб	method
предпочти́телен	preferable
ФОБ	free-on-board
ФАС	free-along-side
оговорённый	agreed upon
зара́нее	earlier
де́йствовать	to act
от и́мени	in the name of
дета́ль	detail
де́нежный	monetary, financial
зако́нная си́ла	legal force
подписа́ть	to sign
статья́	article, clause

Страница №17

подо́бно	similar
те́м не ме́нее	never-the-less
черта́	feature
типи́чный	typical
не́который	some, certain
информа́ция	information
поле́зный	useful
упомя́нут	noted
квалифици́рованный	qualified
обу́ченный	trained
компете́нтный	competent
вероя́тно	probably
иску́сство	art, skill
эконо́мика	economics
вероя́тность	probability

инжене́рный	engineer
о́бласть	area
обстано́вка	environment, conditions
внутри́	inside
отноше́ние	relation
спосо́бствовать	to facilitate, further
дух	spirit
причём	moreover, and
премиа́льная систе́ма	incentive system
вознагражде́ние	reward
эконо́мия	economy, savings
де́ньги	money
сниже́ние	lowering, reduction
вы́годный	favorable
капитали́ст	capitalist
извле́чь	to derive, extract
великоле́пно	splendidly
мирово́й	world
член	member
КПСС	Communist Party of the USSR
иде́я	idea
бла́го	good
наро́д	people, nation
дополни́тельный	additional
сти́мул	incentive, motivation
стреми́ться	to strive
хоро́ший	good
рабо́та	work
при	while, during, when
ещё и потому́ что	moreover, because
образцо́вый	exemplary
положе́ние	position
иера́рхия	hierarchy
проти́вник	opponent

вы́года	advantage
стремле́ние	striving, aspiration
сойти́сь	to get close
совме́стный	shared
вы́пивки	drinks
дру́жба	friendship
слу́жба	business

Напишите ответы на слеующие вопросы и подготовьтесь к устному ответу:

1. На что будет сосредоточено внимание в первом разделе?

2. Кто эти бизнесмены, которые говорят о ведении переговоров в СССР?

3. Что они говорят о ведении переговоров в СССР?

4. У кого возникают трудности?

5. Кто ведёт торговые переговоры с советской стороны?

6. Что затрудняет заключение выгодных сделок?

7. Как может оказаться ведение переговоров когда американский представитель новичок на советском рынке?

8. С какой организацией поддерживает контакт В СССР американская фирма?

9. Какой организацией является В/О?

10. В/О пользуется какими правами?

11. Чем занимается каждое В/О?

12. Над чем В/О имеет монополию?

13. Кем осуществляется управление В/О?

14. Чем является основной структурной единицей организационного построения В/О?

15. Как распределяется вся товарная номенклатура В/О?

16. Что делает генеральный директор фирмы?

17. В подчинении кого находится генеральный директор?

18. С кем непосредственно сносится генеральный директор при выполнении внешнеторговых сделок?

19. Кто являются оперативными работниками фирмы?

20. Чем занимаются оперативные работники фирмы?

21. Кто ведёт переговоры с иностранными представителями?

22. Что делает В/О при ведении торговых переговоров?

23. Представители кого является В/О?

24. С кем всречаются представители В/О? Почему?

25. Что делает В/О по окончании технических переговоров?

26. Когда начинаются переговоры с целью составления проекта контракта?

27. С кем в прошлом исключительно вели переговоры американские бизнесмены?

28. С кем редко встречались американцы?

29. Кто теперь часто присутствует на переговорах?

30. Какой рабочий персонал может участвовать в переговорах на разных этапах?

31.　Где обычно ведутся переговоры?

32.　Где ведутся переговоры в случае, если советские представители будут устанавливать контакт на выставке?

33.　Часто ли советские представители В/О ведут переговоры в США?

34.　Где находится большинство В/О?

35.　Какие поездки организуются при ведении переговоров?

36.　Где обычно проводятся технические переговоры и переговоры о контракте?

37.　Почему переговоры с советскими объединениями так дорого обходятся американским фирмам?

38.　В течение какого периода длятся простые переговоры?

39.　Переговоры о чём затягивались четыре года?

40.　При каких условиях можно завершить переговоры в три-четыре недели?

41. Чего можно ожидать даже при полном согласии между сторонами относительно условий контракта?

42. Как советские представители стараются снизить цены?

43. Что можно происходить в разных залах МВТ одновременно с ведением переговоров с данной американской фирмой?

44. Из скольких этапов состоит процесс переговоров?

45. От кого поступает первоначальный контакт или приглашение сделать заявку на контракт?

46. Что советские представители сообщают потенциальным продавцам?

47. Почему приглашают американцев приехать в Москву?

48. Кто ведёт переговоры когда дело касается продажи существующих товаров и оборудований?

49. Кто устанавливает контакт с потенциальными поставщиками когда сделка включает продажу оборудования для строящегося завода?

50. Какую фирму просят сделать техническое представление советскому заказчику?

51. Что должны делать американсие инженеры и технические консультанты во время первого представления?

52. Какие данные должны получить американские представители?

53. Что американцы должны предоставить потенциальным заказчикам?

54. Что на втором этапе является важным для советского заказчика?

55. Что на втором этапе должна делать американская делегация?

56. Что должна привезти с собой американская делегация?

57. Перед какой аудиторией делается техническое представление?

58. Какую ответственность имеют люди в аудитории?

59. С какой фирмой министерство примет решение вести переговоры о заключении контракта?

60. Что устанавливается при втором техническом обсуждении?

61. Кто с советской стороны будет участвовать на третьем этапе?

62. Когда принимает участие в переговорах представитель Госкомитета по науке и технике?

63. Что делает представитель МВТ на третьем этапе если В/О ещё на включилось в работу?

64. В чём заключается цель третьего этапа переговоров?

65. В чём должны убедиться советские участники переговоров?

66. Что должны принять во внимание американские представители?

67. Как выполняет свои обязательства по контракту советская сторона?

68. Чего ожидают русские от фирмы-поставщика?

69. Когда начнётся четвёртый этап процесса переговоров?

70. О чём ведутся переговоры на последнем этапе?

71. Почему переговоры на четвёртом этапе могут быть длительными и напряжёнными?

72. Как В/О относится к получению прибыли?

73. Что вырабатывают на четвёртом этапе переговоров?

74. Приводите примеры отдельных пунктов в контракте.

75. Кто с советской стороны решает вопрос об отдельчых пунктах, которые будут включены в контракт?

76. От имени кого действует В/О?

77. Кто с советской стороны ответствен за выполнение контракта в качестве юридического лица?

78. Когда контракт вступает в законную силу?

79. Какие можно сделать обобщённые замечания о со-
    ветских представителях?

80. Какие стимулы действуют на советских представи-
    телей?

81. Какие отношения можно ожидать между американ-
    скими и советскими представителями?

УПРАЖНЕНИЕ № 2

Переведите следующие предложения на русский:

1. It is quite difficult to predict the outcome of
    business negotiations in the Soviet Union.

2. Contract negotiations with Soviets tend to be
    long and drawn out, thus very expensive.

3. Many factors make it difficult to conclude pro-
    fitable deals in the U.S.S.R.

4. A Soviet FTO is a legal entity which special-
    izes in foreign trade.

5. A given FTO has a monopoly on the foreign trade
    of a specific list of products or product groups.

6. An FTO is managed by a president and several vice-presidents.

7. The products or product groups of an FTO are divided among a number of "firms," each under a director and his deputies.

8. The general director is responsible to the president or one of the vice-presidents, but in the daily execution of his duties, he deals directly with the end-users of his products.

9. The line staff of an FTO is comprised of commodity specialists and engineers.

10. They prepare sales contracts, negotiate them, and see to their execution.

11. The FTO represents the Soviet organization which wants to make a certain deal.

12. Initially, Soviet FTOs usually discuss price and specifications with at least three potential suppliers.

13. Substantive negotiations begin only after the Ministry of Foreign trade has approved a specific firm or firms.

14. Representatives of end-user agencies now frequently participate in the early stages of negotiations.

15. Negotiations usually take place in the offices of the agency involved in the transaction.

16. Soviet officials often approach American firms at trade fairs, where there are special conference rooms for trade negotiations.

17. They solicit bids and discuss the technical specifications of equipment.

18. Sometimes Soviet officials take American businessmen on special excursions to sites where equipment is to be installed or a plant constructed.

19. Negotiations in the Soviet Union are generally time consuming, but negotiations for a turn-key plant can last for years.

20. Even with a minimum of disagreement between parties, Soviet officials can be expected to bargain vigorously over price and financial terms.

21. It has been said that Soviet officials sometimes attempt to play off western companies against each other in order to lower prices.

22. The initial point of contact between parties in Soviet-American trade is an invitation to submit bids.

23. Prospective bidders are notified by the Soviets that their product, process, expertise, or technology may fill a need under the current five-year plan.

24. An invitation to them is issued to come to Moscow and make a technical presentation to the interested parties to demonstrate how their product could be applied to specific Soviet needs.

25. When a deal involves technology transfer or equipment for a factory under construction, the all-union ministry controlling the project will usually contact the relevant suppliers.

26. The bidding firm will make a technical presentation to the Soviet end-user, and at this time should ascertain as much as possible about the exact use intended for the equipment or process.

27. The American representatives should provide a detailed description of their equipment, its design specifications, method of operation, capabilities, and limitations.

28. The audience at the technical presentation is composed of engineers and ministry officials familiar with the product or technology under negotiation, and they are responsible for recommending which firm most completely meets the needs of the project.

29. At the second technical discussion, structural and operational specifications and parameters are set.

30. If the subject is appropriate, a representative of the State Committee on Science and Technology will be present at the second technical presentation.

31. The last step in the negotiating process involves establishing a final price, terms of payment, and terms of delivery.

Разбор случая №1 — Свинделл-Дресслер

ОКТЯБРЬ 1972 Г.

Одновременно с заключением в октябре 1972 года американо-советского торгового соглашения Советский Союз закупил у фирмы Свинделл-Дресслер 17 электро-дуговых печей стоимостью более 15 миллионов долларов. Впервые о сделке объявил представитель МВТ В.Н. Сушков. Печи предназначались для использования в литейном цехе на КАМАЗ.

По условиям контракта фирма Свинделл-Дресслер должна была спроектировать и изготовить печи, а также руководить их установкой и запуском. Фирма должна была поставить также комплект запасных частей на первый период работы и обучить советский пресонал. Девять печей ёмкостью 50 метрических тонн каждая предназначались для плавильных операций. Остальные печи должны были служить в качестве расходных(каждая ёмкостью 75 метрических тонн).

ОЦЕНКА

Эта сделка явилась результатом предварительных переговоров, проведённых фирмой Свинделл-Дресслер. Однако, если мы сопоставим стоимость сделки, заключённой фирмой в октябре 1972 года с огромной суммой(125 миллионов долларов)на которую были заранее подготовлены экспортные лицензии, мы придём к выводу, что большие надежды руководства фирмы Свинделл не были реализованы. Следует заметить, что советская сторона надеется обеспечить правильное использование оборудования с помощью Свинделл, которая обязалась обучить технический персонал.

ДЕКАБРЬ 1971 Г.

Президент фирмы Свинделл-Дресслер Дональд Дж. Морфи завершил напряжённые пятнадцатимесячные переговоры подписанием контракта на сумму 10 миллионов долларов с МВТ 22 декабря 1971 года. Советский Союз купил проект технологического оборудования и технологии для литейного цеха на КАМАЗ.

Author's Note: Reprinted by permission from William Kolarik, *Soviet Business*, Supplement No. 1, Selected Deals, 1972-3.

В Брайтоне, Англия, в сентябре 1970 года на Международном конгрессе по проблемам литья первоначальный контакт между фирмой Свинделл и Советском Союзом осуществил Э. Стэнли Хэйнс, который тогда был начальником литейного отдела фирмы. После того, как корреспондент представил Хэйнса двум "русским", сотрудникам Госкомитета по науке и технике, на следующий день Хэйнс был приглашён ими на обед. Предметом беседы была роль фирмы Свинделл в проектировании для фирмы Форд самого современного литейного цеха для автопромышленности во Флэт Рок, Мичиган. Затем Хэйнса связали с представителем В/О Металлургимпорта в Торгпредстве СССР в Великобритании, с которым он вёл длительные и, казалось, безрезультатные дискуссии о литейном оборудовании. Через две недели после возвращения в Питсбург Хэйнс получил из СССР приглашение на встречу в Цюрихе для продолжения переговоров. Наведя предварительные справки, Хэйнс узнал о советских планах строительства завода по производству грузовых автомобилей на реке Каме и соответственно изменил тактику. На конференции ни Хэйнс, ни советские представители не говорили конкретно о КАМАЗ, но советские представители упоминали о "большом проекте, частью которого может быть литейный цех." После встречи в Цюрихе Хэйнс начал наступление с помощью писем, которые он посылал высокопоставленным должностным лицам, занимавшимся, как ему было известно, Камским проектом. Через шесть недель его усилия были вознаграждены--фирма Свинделл получила официальное приглашение от В/О Металлургимпорта подать предложение на контракт на встрече в Штутгарте, Ф.Р.Г.

На следующем этапе переговоров Хэйнса сопровождал Дональд Стингел, который был тогда старшим вице-президентом фирмы Свинделл-Дресслер. Советскую делегацию, соответственно, возглавлял В.Н. Сушков--ответственный сотрудник МВТ. На Штутгартской конференции советские представители стремились побольше узнать о техническом опыте и финансовых возможностях фирмы Свинделл-Дресслер, а также о её позиции в фирме Пуллман, Инк.

Затем последовало приглашение приехать в Москву. Стингел и Хэйнс прибыли туда 13 марта 1971 года. На следующий день представили свою заявку о проектировании на краткой встрече в кабинете Н.П. Максимова, президента В/О Металлургимпорта. В тот же день Стингел и Хэйнс были приглашены на трёхчасовой официальный обед в ресторан "Прага" на Калининском проспекте, где их впервые угостили обедом с большим количеством водки. Во время последующих четырёх встреч, которые состоялись в течение следующих четырёх дней, советские представители и инженеры задавали бизнесменам множество вопросов.

В течение следующих восемнадцати месяцев Стингел и Хэйнс ездили в Москву на переговоры 28 раз. Во время переговоров советские представители использовали информацию, которой они располагали монопольно, и сохраняли за собой право выбора, одновременно ведя переговоры с конкурентами фирмы Свинделл и делая намёки, что конкуренты предлагают лучшую сделку. Стингел и Хэйнс заявляют, что им не давали понять, в каком положении находится их предложение по сравнению с конкурентными фирмами, и в то же время советские партнёры по переговорам сталкивали фирмы лбами.

В марте 1971 года советская делегация, возглавляемая Сушковым, посетила главную контору фирмы Свинделл в Питсбурге. Стингел и Хэйнс поняли, что советские партнёры вероятно захотят избежать огласки их визита в прессе и публичных выступлений. Чтобы обеспечить в какой-то мере тайну их пребывания в Питсбурге, советскую делегацию разместили в модном клубе Дюкэйн. Во время этого этапа переговоров советские представители настоятельно требовали заверений в том, что оборудование для Камы будет таким же или более современным, чем оборудование, установленное в литейном цехе во Флэт Рок. Советские представители особенно настаивали на самой высокой степени автоматизации всего процесса и постоянно упоминали о нехватке рабочих рук в Татарской АССР, где будет построен завод.

Находясь в Питсбурге, они проявляли необычайный интерес к деятельности корпорации Свинделл и Пульман. Их стремление иметь дело только с высокопоставленными должностными лицами корпорации особенно ярко проявилось во время встречи между министром автомобильной промышленности СССР А.М. Тарасовым и президентом фирмы Пуллман Самюэлом Б. Кэйси, младшим:

> Я сказал ему, что мы сделаем всё возможное, чтобы русские чувствовали себя здесь как дома. Я заверил его, что наши люди, деньги и время будут в их распоряжении. Он не был в этом уверен, пока не услышал от меня, президента фирмы.

Переговоры были продолжены в Москве в августе 1971 года. Якобы из-за "ошибки" в переводе советского певодчика во время этих переговоров Стингел и Хэйнс ре-

47

шили, что советския сторона требует больше оборудование за ту же цену. Позднее ошибка была "обнаружена" после того, как Стингел и Хэйнс предложили дополнительные проектные решения за цену, которая была на 50% выше.

Во время заключительных переговоров с Сушковым и Максимовым в декабре 1971 года, чтобы получить дальнейшие уступки в цене по проекту для КАМАЗ, советские представители пытались привлечь американцев перспективой ещё больших контрактов. Хотя Морфи и не попался на эту приманку и настаивал на прибыли для фирмы Свинделл, в самые последние дни он всё-таки согласился гарантировать количество и качество литья в литейном цехе. Окончательное соглашение было подписано 22 декабря 1971 года. Джон Дж. МакЛин, главный юрисконсульт фирмы Свинделл, помог сформулировать текст контракта.

ЭКСПОРТНЫЕ ЛИЦЕНЗИИ

По видимому используя письма, полученные от советской стороны, относительно их намерения заключить контракт, фирма Свинделл-Дресслер в середине августа смогла получить экспортную лицензию на 125 миллионов долларов, которая давала ей право продавать технологию, содержавшуюся в проектах. Для получения санкции на экспорт фирма Свинделл воспользовалась услугами лоббиста Хобарта Тэйлора, младшего(Даусон, Квин, Ридделл, Тэйлор и Дэйвис), который помог переправить заявление непосредственно в Белый дом, минуя чиновников средней руки. Фирма Свинделл прибегла к тактике увязывания плохого состояния экономики внутри страны в 1971 году с благоприятным международным климатом путём подчёркивания следующего:

1. Было подчёркнуто, что последующие заказы для Камского литейного цеха могут быть на сумму 200 миллионов долларов, и они могут обеспечить примерно девять месяцев работы литейной промышленности США, находящейся в состоянии депрессии.

2. Было подчёркнуто, что возможности фирмы Свинделл не уникальны и что "если США не получит контракт, то его получат иностранцы."

3. Постоянно подчёркивалось плохое состояние платёжного баланса США.

4. Было указано, что расширение американо-советской торговли соответствует новой экономической политике Никсона.

5. Постоянно подчёркивалась возможность разрядки международной напряжённости(напр. ОСВ).

Приближение года всеобщих выборов и нежелание администрации президента концентрировать внимание на продолжении присутствия США во Вьетнаме помогли фирме получить лицензию. В мае 1971 года советская делегация со своей стороны помогла фирме Свинделл, встретившись с сотрудниками Министерства торговли США, членами Сенатского комитета по торговле, а также с Сенатором Хью Скоттом. Кроме того Тэйлор и Стингел также встретились со Скоттом, чтобы напомнить ему о его обязанностях по отношению к его избирателям в Пенсильвании. На обеде президент фирмы Пуллман, Кэйси, в личной беседе с тогдашним министром иностранных дел Роджерсом ещё раз упомянул о потенциальных преимуществах расширения американо-советской торговли. Следует отметить, что в то время ключевые позиции в Министерстве торговли США занимали люди, которые благосклонно относились к расширению торговли между Востоком и Западом(напр. Питер Питерсон и Харольд Скотт). В результате фирме были выданы лицензии на проект литейного цеха и на возможную продажу оборудования.

ПЕРИОД ПОСЛЕ ЗАКЛЮЧЕНИЯ КОНТРАКТА

Известно, что с мая 1972 года до конца марта 1973 не менее 60 советских представителей находилось в Питсбурге и работали совместно с персоналом фирмы Свинделл. В последнем квартале 1973 года около 25 инженеров и техников должны были отправиться в СССР чтобы наблюдить за установкой оборудования на Камском строительной площадке около города Набережные Челны в 600 милях к востоку от Москвы. Предлогалось, что американский персонал будет работать в Советском Союзе в качестве консультантов примерно шесть месяцев. Как сказал Стингел: "Никто не будет устанавливать своё оборудование." Все американские фирмы, участвовавшие в проекте, должны были отправить в СССР составные части, а русские затем должны были их собирать.

Фирма Свинделл-Дресслер учредила в Москве представительство, стоившее ежегодно 200.000 - 300.000 долларов, с двумя советскими машинами с шофёрами, тремя телефонами и штатом, состоящим из двух секретарей, говорящих по-английски. Представительство занимает 3 номера на пятом этаже гостиницы "Ленинградская", руководит им Роберт Костелло. Фирма Свинделл использует это представительство в качестве канала для продажи оборудования и технологии Советскому Союзу совместно с фирмами Армко, Алкоа, Хонивелл и Места Машин.

Теперь следует упомянуть, что хотя первая стадия проекта литейного цеха, определяющая процесс производства и оборудование, должна была быть завершена по первоначальным планам в середине июля 1972 года, в марте 1973 года Стингел объявил, что общий проект и документация на оборудование для литейного цеха получили одобрение советской стороны только теперь. В дополнение к этому известно, что все проекты и заказы фирмы Свинделл основывались полностью на информации, предоставленной советской стороной. Сюда даже относятся необходимые геологические данные, полученные в результате анализа переданных образцов почвы. Фирме не было разрешено провести осмотр строительной площадки на КАМАЗ до начала марта 1973 года, когда руководителю проекта Фрэнку Кавалиеру с группой инженеров разрешили посетить её.

В середине марта 1973 года на американо-советской торговой конференции, организованной Национальным объединением производителей(NAM), в Вашингтоне, Стингел подвёл итог уже установившимся к тому времени отношениям фирмы Свинделл с советской стороной:

> По мере того, как мы лучше узнавали друг друга, работая ежедневно в тесном контакте, нам удавалось убедить русских в наших способностях и намерениях, а также показать, как мы работаем над большими проектами для заказчиков. Большая часть их сдержанности исчезла.

ОЦЕНКА

Выдача экспортных лицензий фирме Свинделл-Дресслер соответствовала стремлению правительства в 1971 году использовать перспективы расширения американо-советской торговли как средство для получения политических уступок от Кремля(напр. успехи в переговорах ОСВ). Следует заметить, что санкция была дана только на часть Камского проекта, а именно на литейный цех--сравнительно простую часть всего проекта. Заявки на лицензии, поданные другими фирмами(напр. фирмой Форд с привлечением в качестве партнёра фирмы Мицубиши), на другие части комплекса были ранее отклонены "исключительно из-за размера литейных форм"--т.е. из-за потенциальной способности завода выпускать танки. Оказывается, лицензии фирмы Свинделл находились в соответствии с проводимой политикой, которая одобряла отдельные стадии строительства КАМАЗ, сохраняя за собой право прекратить участие США. Однако, хотя литейный цех был только частью проекта, он был одобрен сравнительно быстро и *полностью*, что несомненно успокоило советских участников переговоров. В основном удалось избежать откладывания решения вопроса, а также проблем, связанных с окончательным одобрением Камского проекта в отличие от случая с фирмой Мак Тракс. Вся процедура получения лицензий была проведена фирмой Свинделл-Дресслер великолепно. Очевидно, они хорошо к этому подготовились. Ясно также, что чрезвычайно большое значение имел выбор времени подачи заявки.

Фирма Свинделл, возможно, скомпрометировала себя гарантиями, которые она давала русским. Очевидно было наивно и опасно полагаться на данные, предоставленные русскими. К тому же, повидимому, каждый совершаемый ими поступок должен был получить одобрение из Москвы. Другая опасность--отсутствие официального шефнадзора фирмы Свинделл при строительстве, установке и пуске в эксплуатацию литейного цеха. Точно так же, при сборке цеха русскими сказываются все недостатки, характерные для строительных работ, осуществляемых русскими, а именно, плохое качество и постоянные задержки. Очевидная готовность фирмы Свинделл принять объяснение о нехватке русских рабочих на Камском участке указывает, что они не подозревали, что истинная проблема на этом участке заключалась, вероятно, в недостаточной квалификации рабочих, возможно, татарского происхождения, т.е. недостаточном количестве вкалифицированных советских рабочих.

Существует также и более серьёзная проблема экономической эффективности КАМАЗ. На основании имеющихся данных можно сказать, что в лучшем случае, масштаб КАМАЗ окажется экономически неоправданным. Экономически неоптимальная установка может быть результатом оригинального подхода русских к решению проблем экономики.

> Интересно отметить, что в Камском литейном цехе цены на металлический лом, наличие и т.д. не учитываются, когда решается вопрос, какое оборудование лучше использовать(имеется ввиду--наиболее экономически целесообразно).

Д.В. ЛеБлон из фирмы "ЛеБлон Машин Тул" заявил в сентябре 1971 года: "Анализ экономической эффективности КАМАЗ находится на самой элементарной стадии, гораздо более низкой, чем думают многие." В 1971 году Зенон Хансен из фирмы Мак Тракс тоже выразил сомнение

51

относительно того, что три основных типа грузовых ав-
томашин, которые будут выпускаться на КАМАЗ, смогут у-
довлетворить потребности Советского Союза. Он считал
также, что строительство КАМАЗ невозможно будет закончить к 1975 году.

Важно отметить настойчивость советской стороны,
которую она проявила в вопросе обеспечения надёжных
работ на КАМАЗ. В результате в литейном цехе будет
девять линий производства форм серого и ковкого чугу-
на и три для прецизионного стального литья. В литейном цехе во Флэт Рок, который так понравился советским
специалиистам почти тот же объём работы выполняется на
пяти линиях. Опять следует отметить решимость советской стороны создать самый современный и высокоавтоматизированный комплекс. Ясно, что советская сторона вы-
брала фирму Свинделл, благодаря работе фирмы во Флэт
Рок.

Что же касается переговоров, то нам ясно, что русские были хорошо информированы, начиная с самого первого контакта с господином Хэйнсом. К тому же следует
отметить, что фирма Свинделл должна была продавать своё
предложение многократно различным торговым представителям и техническому пресоналу. Очевидно также, что
советская монополия на информацию давала им преимущество при ведении переговоров о заключении контракта. О-
чевидно и то, что советские представители предпочитают
иметь дело с высокопоставленными должностными лицами.
Кроме того можно наблюдать советскую тактику, которую
они часто используют в отношениях с европейскими биз-
несменами--водки, обеды, выжимание гарантий в последний момент, круглосуточные переговоры, отказ от выстав-
ленных ранее требований, которые теперь объясняются
как "ошибка при переводе," с целью добиться лучшей цены, и т.д., т.е. общая стратегия выматывания, проведе-
нию которой помогает наличие подробных данных о всех
американских фирмах. Имеются и некоторые другие вопросы, достойные упоминаиня. Во-первых, тот факт, что фирма Пуллман вела дела с дореволюционной Россией, мог дать
фирме Свинделл небольшое преимущество перед другими конкурентами. Кроме того большой интерес, проявляемый советскими представителями к работе корпорации Пуллман и
Свинделл, можно считать показателем серьёзной заинтере-
сованности в заключении контракта.

электро-дуговая печь	electric arc furnace
стоимостью	valued at
впервые	for the first time
объявить	to announce
предназначаться	to be intended for
литейный цех	iron foundry
производство	production
грузовая автомашина	truck
спроектировать	to design
изготовить	to fabricate
запуск	start-up
комплект	complete set
запасной	spare
часть	part
обучить	to train
каждый	each
ёмкостью	of the capacity
метрический	metric
тонна	ton
плавильный	melting
остальной	remaining
расходная печь	holding furnace
оценка	evaluation
результат	result
предварительный	earlier, preliminary
сопоставить	to contrast
огромный	huge
заранее	earlier, previously
подготовлен	prepared
лицензия	license
вывод	conclusion
ожидание	expectation

руково́дство	management
реализо́ван	realized
заме́тить	to note
наде́яться	to hope
пра́вильный	proper, correct
по́мощь	help
обяза́ться	to obligate oneself
заверши́ть	to complete
пятнадцатиме́сячный	15-month
подписа́ние	signing

Страница №46

междунаро́дный	international
конгре́сс	congress
Бра́йтон	Brighton
А́нглия	England
нача́льник	head
лите́йный	foundry
литьё	foundry
корреспонде́нт	newsman
предста́вить	to present, introduce
предме́т	subject
бесе́да	talk
роль	role
совреме́нный	contemporary
мир	world
достиже́ние	achievement
автопромы́шленность	auto industry
Форд	Ford
Флэт Рок	Flat Rock
Мичига́н	Michigan
зате́м	after that
связа́ть	to put in touch
Металлурги́мпорт	Metallurgimport
торгпре́дство (торго́вое представи́тельство)	trade mission

Великобрита́ния	Great Britain
каза́ться	to seem
безрезульта́тный	unproductive
возвра́щение	return
Пи́тсбург	Pittsburgh
Цю́рих	Zurich
навести́ спра́вки	to make inquiries
узна́ть	to find out
река́	river
соотве́тственно	accordingly
та́ктика	tactics
измени́ть	to change
конфере́нция	conference
конкре́тно	concretely
упомина́ть	to allude, hint
ча́стью	partly
встре́ча	meeting
наступле́ние	campaign
письмо́	letter
высокопоста́вленный	highly-placed
до́лжностный	official
изве́стный	well-known
че́рез	within
уси́лие	effort
Шту́тгарт	Stuttgart

ФРГ (Федерати́вная Рес-
  пу́блика Герма́нии)
	Federal Republic of
	  Germany

сопровожда́ть	to accompany
ста́рший	senior
возглавля́ть	to head
Шту́тгартский	Stuttgart
побо́льше	a little more
пози́ция	position
зая́вка	proposal
кабине́т	office

в тот же	on the same
трёхчасовой	3-hour

Страница №47

количество	quantity
располагáть	to have available
монопóльно	exclusively
сохранить за собóй прáво	to reserve the right
вы́бор	choice
конкурéнтный	competitive
дéлать намёки	to hint
лýчший	better
заявля́ть	to declare
по сравнéнию с	in comparison with
партнёр	partner
стáлкивать лбáми	to play off (against another)
избежáть	to avoid
оглáска	publicity
визи́т	visit
прéсса	press
публи́чный	public
выступлéние	appearance
тáйна	secret
пребывáние	stay
размести́ть	to accommodate, quarter
мóдный	fashionable
клуб	club
настоя́тельно	insistently
заверéние	assurance
настáивать	to insist
автоматизáция	automation
постоя́нно	continuously
упоминáть	to mention
нехвáтка	shortage
рабóчие рýки	labor

Тата́рская АССР (Автоно́мная Сове́тская Социалисти́ческая Респу́блика)	Tatar Autonomous Soviet Socialist Republic
необыча́йный	unusual
корпора́ция	corporation
я́рко	clearly
мла́дший	junior
в распоряже́нии	at one's disposal
я́кобы	supposedly
перево́дчик	translator
счита́ть	to consider, think

Страница №48

та́ же цена́	the same price
обнару́жен	discovered
прое́ктное реше́ние	design solution
заключи́тельный	final
усту́пка	concession
пыта́ться	to attempt
привле́чь	to entice
перспекти́ва	prospect
попа́сться	to fall for
прима́нка	bait
после́дний	last
согласи́ться	to agree
гаранти́ровать	to guarantee
оконча́тельный	final
соглаше́ние	agreement
юрисконсу́льт	legal adviser
помо́чь	to help
сформули́ровать	to formulate
текст	text
повиди́мому	apparently
полу́ченный	received
наме́рение	intention
смочь	to be able, manage to

продава́ть	to sell
содержа́вшийся	contained
са́нкция	approval, sanction
возпо́льзоваться	to take advantage
лобби́ст	lobbyist
перепра́вить	to channel, forward
заявле́ние	application
ми́нуя (минова́ть)	bypassing
чино́вник	bureaucrat
сре́дняя рука́	mid-level
прибе́гнуть	to resort (to)
та́ктика	tactic
увя́зывание	linking
плохо́й	bad, poor
состоя́ние	condition, state
вы́годный	favorable
полити́ческий	political
кли́мат	climate
путём	by means of
подчёркивание	emphasizing
моме́нт	point, item
после́дующий	subsequent
зака́з	order
приме́рно	approximately
депре́ссия	depression
уника́льный	unique
постоя́нно	consistently
платёжный	payment
бала́нс	balance
ука́зан	pointed out
расшире́ние	broadening, expansion
дополне́ние	supplement
поли́тика	policy
Никсо́н	Nixon

разря́дка междунаро́дной напряжённости	detente
ОСВ (Ограниче́ние стратеги́ческих вооруже́ний)	SALT (Strategic Arms Limitations Talks)
приближе́ние	approach
всео́бщий	general
вы́боры	election
нежела́ние	reluctance
администра́ция	administration
концентри́ровать	to concentrate
внима́ние	attention
прису́тствие	presence
Вьетна́м	Viet Nam
уси́лие	effort
сена́тский	senate
Хью Скотт	Hugh Scott
сена́тор	senator
напо́мнить	to remind
обя́занность	obligation
избира́тели	electorate
Пенсильва́ния	Pennsylvania
ли́чный	private
бесе́да	conversation
тогда́шний	then
мини́стр иностра́нных дел	Secretary of State
сно́ва	again
вы́сказать	to express, state
преиму́щество	advantage
расшире́ние	expansion
ключево́й	key
занима́ть	occupy
благоскло́нно	favorably
восто́к	East
за́пад	West

в результа́те	consequently
вы́дан	issued
совме́стный	joint
кварта́л	quarter
отпра́виться	to proceed
наблюда́ть за	to supervise
устано́вка	installation
уча́сток	site
остава́ться	to stay, remain
устана́вливать	to install
уча́ствовавший	who had participated
отпра́вить	to send
составно́й	component
собира́ть	to assemble
учреди́ть	to establish
представи́тельство	company office
сто́ивший	costing
ежего́дно	annually
штат	staff
говоря́щий	who speaks
но́мер	(hotel)room
эта́ж	floor
гости́ница	hotel
совме́стно	jointly
кана́л	conduit

Страница № 50

ста́дия	stage
определя́ющий	which determines
заверше́н	finished
первонача́льный	initial
осно́вываться	to be based
по́лностью	completely
предоставля́емый	supplied
необходи́мый	indispensable

геологи́ческий	geological
осно́ванный	based
образе́ц	sample
по́чва	soil
разрешён	permitted
провести́ осмо́тр	to inspect
разреши́ть	to permit
площа́дка	site
посети́ть	to visit
производи́тель	manufacturer
подвести́ ито́г	to summarize
ежедне́вно	daily
удава́ться	to succeed
убеди́ть	to convince
сде́ржанность	reticence
исче́знуть	to disappear
вы́дача	issuance
сре́дство	means
успе́х	success
са́нкция	sanction
и́менно	precisely
сравни́тельно	comparatively
по́данный	submitted
привлече́ние в ка́честве партнёра	participation
отклонён	rejected
разме́р	size
лите́йная фо́рма	mold-line
вы́пускать	to turn out
танк	tank
одобря́ть	to approve
отде́льный	individual
Страница № 51	
сохраня́я	retaining
прекрати́ть	to stop

успокбить	to reassure
удáться	to succeed
отклáдываться	to put off
вопрóс	question
в отлúчие	in contrast
Мак Тракс	Mack Trucks
великолéпно	admirably
очевúдно	evidently
подготóвиться	to prepare oneself
подáча	submission
скомпрометúровать себя	to compromise oneself
найвен	naive
опáсен	dangerous
полагáться на	to rely upon
совершáемый постýпок	step accomplished
опáсность	danger
отсýтствие	absence
официáльный	official
шефнадзóр	supervision
пуск в эксплуатáцию	start-up of operations
сбóрка	assembly
скáзываться	to be revealed
недостáток	short-coming
характéрный	characteristic
задéржка	delay
постоя́нный	constant
подозревáть	to suspect
úстинный	real
происхождéние	extraction
существовáть	to exist
имéющийся	available
масштáб	scale
неопрáвданный	unjustified
металлúческий	metal, metalic

лом	scrap
наличие	availability
учитываться	to be considered
решаться	to determine
иметь ввиду	to have in mind
целесообразный	expedient
элементарный	elemental, elementary
сомнение	doubt

Страница № 52

тип	type
признать	to recognize, admit
надёжная работа	fail-safe operation
линия производства форм	mold line
отделение	department, branch
ковкий чугун	malleable iron
серый чугун	grey cast iron
прецизионное стальное литьё	precision steel casting
тот же объём	the same volume
решимость	decisiveness
современный	modern
автоматизированный	automated
информирован	informed
многократно	repeatedly
выматывание	exhausting, wearing out
выжимание	extraction
круглосуточный	around-the-clock
изнурить	to wear down
достойный	deserving
дореволюционный	prerevolutionary
проявляемый	manifested
воспринят	taken
показатель	indicator
серьёзный	serious

УПРАЖНЕНИЕ № 3

Напишите ответы на следующие вопросы и подготовьтесь
к устному ответу:

1. Какой контракт заключил СССР с американской фирмой Свинделл-Дресслер?

2. Что фирма Свинделл обязана делать по условиям контракта?

3. Для чего русские купили дуговые печи?

4. Одинаковы ли все печи?

5. Почему автор этого текста думает, что надежды фирмы Свинделл не осуществились?

6. Только ли на поставку оборудования взяли на себя обязательство фирма Свинделл?

7. Какой контракт заключила фирма Свинделл-Дресслер с МВТ в 1971 году?

8. С кем господин Хэйнс говорил сначала?

9. Что интересовало советских представителей?

64

10. Что случилось после того, как Хэйнс вернулся в Питсбург?

11. Знал ли Хэйнс точно, о чём советские предствители хотели вести переговоры в Цюрихе?

12. Как Хэйнс добился приглашения представить формальное предложение о заключении контракта?

13. Кто возглавлял советскую делегацию в Штутгарте?

14. Что хотели узнать советские представители в Штутгарте?

15. Что делали Стингел и Хэйнс в первый день в Москве?

16. Что случилось в течение следующих четырёх дней в Москве?

17. Долго ли продолжались переговоры между советскими представителями и фирмой Свинделл?

18. Предоставляла ли советская сторона все необходимые данные фирмам, претендующим на контракт?

19. Как советская сторона использует конкуренцию между фирмами?

20. Что требовали советские представители при переговорах в Питсбурге?

21. Почему советские представители так интересовались автоматизацией?

22. Какое стремление русских очень чётко проявилось в Питсбурге?

23. Как советские представители старались получить дополнительные уступки в цене во время заключительных переговоров?

24. На что согласилась фирма Свинделл в заключительных переговорах?

25. Как фирма Свинделл добилась получения экспортных лицензий?

26. Как фирма Свинделл обучала советский технический пресонал?

27. Почему надо было отправить группу американских технических работников в СССР?

28. Кто установил оборудование на Камском участке?

29. Почему фирма Свинделл-Дресслер учредила представительство в Москве?

30. Были ли все работы завершены в сроки, установленные графиком?

31. Какой фактор, не существующий в других странах, мешал фирме Свинделл завершить проекты?

32. Почему большая часть сдержанности русских исчезла?

33. Какая политика облегчала получение экспортных лицензий?

34. Почему другие американские фирмы не получили лицензий?

35. Какие затруднения были у фирмы Свинделл при выполнении контракта?

36. Почему автор текста думает, что Камский проект может быть экономически неоправданным?

37. Что думают другие фирмы о Камском проекте?

38. На чём настаивали русские относительно контроля качества продукции?

39. Будет ли литейный цех на КАМАЗ очень похож на цех во Флэт Рок?

40. Присутствует ли элемент случайности при выборе советской стороной фирмы для ведения переговоров о заключении контракта?

41. Какие заключения о тактике советских представителей делает автор?

УПРАЖНЕНИЕ № 4

Переведите следующие предложения на русский:

1. The Soviet Union purchased 17 electric-arc furnaces valued at more than $15 million from Swindell-Dressler.

68

2. The furnaces were for use at the iron foundry at the Kama River Truck Factory.

3. Swindell was to design and fabricate the furnaces as well as supervise installation and start-up.

4. The company was to supply initial spare parts and train Soviet personnel.

5. Nine of the furnaces, each with a capacity of 50 metric tons, were to be used in melting operations.

6. The remaining furnaces were to be holding furnaces, each with a 75 metric ton capacity.

7. The Soviets hope to insure proper use of the equipment by having Swindell train technical personnel.

8. The Soviets purchased the technological design of machinery and techniques for the foundry at Kamaz.

9. The content of the conversation focused squarely on Swindell's role in the design and engineering of the most advanced auto foundry.

10. He was put in touch with a representative of V/O Metallurgimport in the Soviet trade mission to Britain.

11. Through preliminary research he found out about Kamaz and adjusted his tactics accordingly.

12. He took the offensive by means of letters to top-level officials known to be involved in the Kama project.

13. Swindell received an official bid invitation from V/O Metallurgimport.

14. A high-ranking official of the MFT headed the Soviet delegation.

15. The Soviets wanted to find out about Swindell's technical expertise and financial capabilities.

16. They were subjected to intensive questioning by Soviet trade officials.

17. They said that they received no feedback as to where they stood while the Soviets played companies against one another.

18. The Soviets were opting for the highest possible degree of automation and consistently alluded to labor shortages in the Tatar ASSR.

19. I told him we would do everything we could to make the Russians here feel at home. I assured him our finances, men, money, and time would be at their disposal. Until he heard that from the chief-cook-and-bottle-washer, he was not too satisfied.

20. The Soviets were asking for more at the same price.

21. They came up with a 50% higher price for additional designs.

22. The Soviets continually dangled the carrot of larger contracts to obtain further price concessions on the Kama designs.

23. He did not take this bait and insisted on a profit for the firm.

24. Swindell-Dressler was able to secure a $125 million export license authorizing the technology transfer embodied in the designs.

25. He was instrumental in channeling the application past mid-level bureaucrats to the White House.

26. Swindell's talents were characterized as not unique and it was stated that if the U.S. did not get the contract, foreigners would.

27. Prospects for detente(i.e. SALT)were consistently noted.

28.. Licenses were issued to cover the foundry designs as well as possible equipment sales by Swindell.

29. Sixty Soviets are known to have been quartered in Pittsburgh while participating in working-groups with Swindell's personnel.

30. In the last quarter of 1973, about 25 of Swindell's engineers and technicians were to oversee installation of equipment at the Kama site near Naberezhnaja Chelny, 600 miles east of Moscow.

31. All U.S. companies involved in the project were to ship components which were to be pieced to-gether by Russians.

32. Swindell-Dressler established a Moscow office, costing $200,000 to $300,000 annually, supple-mented by two Soviet-made automobiles with a driver, three telephones, and a staff of two English-speaking secretaries.

33. In joint efforts to sell equipment and techno-logy to the U.S.S.R., Swindell operates the of-fice as a conduit for such companies as Armco, Alcoa, Honeywell and Mesta Machine.

34. The first stage of the foundry design to deter-mine process flow and equipment was to be com-pleted in 1972.

35. Swindell's designs and bids were based entire-ly on Soviet supplied information. Swindell was not allowed inspection of the Kama site un-til March, 1973.

36. The granting of export licenses to Swindell-
    Dressler was consistent with the administra-
    tions's desire in 1971 to utilize prospects
    for expanded U.S.-Soviet trade as a lever and
    a reward to gain political concessions from
    the Kremlin.

37. License applications by other companies for
    other parts of the complex were earlier rejec-
    ted solely on the basis of mold-line size,i.e.
    the potential tank-making capacity of the
    plant.

38. The reliance on Soviet supplied data appears to
    have been naive and dangerous.

39. Another risky factor is the lack of any formal
    supervisory control over the construction, set-
    up, and operation of the foundry by Swindell.

40. Plant assembly by Russians entails all the at-
    tendant liabilities of Soviet construction work,
    i.e. poor quality and constant delays.

41. The Russian labor shortage was actually a short-
    age of skilled Soviet workers.

42. In light of available data it appears that at best the complex may be a diseconomy of scale.

43. In the Kama foundry, scrap prices, availability, etc., do not enter into the determination of what equipment is best - meaning most economical.

44. It is important to recognize the Soviet insistence on a fail-safe operation at Kama.

45. The foundry is to have nine mold lines for the grey and maleable section, and three for the precision steel casting facility.

46. The Flat Rock foundry does nearly the same job with five lines.

47. With reference to the negotiations:

    1) It is clear that the Soviets were well informed from the first contact.

    2) Swindell had to resell its proposal numerous times to various trade officials and technical personnel.

3) The Soviets' information monopoly gave them
    an edge in bargaining.

4) The Soviets prefer dealing with top corpo-
    rate officials.

5) One can observe Soviet tactics frequently
    used - vodka, lunches, extraction of last
    minute guarantees, and round-the-clock ne-
    gotiations.

6) "Translation errors" can be a tactic to gain
    price advantages.

7) There is a general "wear them down" strate-
    gy.

Разбор случая №2 — Интервью
с американским бизнесменом

Ниже приведён пример: интервью с американским безнесменом, имеющим большой опыт ведения переговоров с Советским Союзом. Не называя имени этого бизнесмена и его фирмы, следует заметить, что его фирма - большой конгламерат, координирующий действия нескольких отделений. Их специализация охватывает и научно-исследовательскую работу длн промышленности, и химическую технологию, и пищевую промышленность, и также, продажу потребительских товаров. В обязанности бизнесмена, с которым проводилось интервью, входит установление контактов с соответствующими всесоюзными министерствами, внешнеторговыми объединениями и с сотрудниками МВТ. Он также должен информировать потенциальных советских заказчиков о деятельности своих отделений.

Данный пример представлен в виде записи интервью с этим бизнесменом. Вопросы и комментарии того, кто проводит интервью, обозначаются буквой "В", а ответы бизнесмена обозначаются буквой "О".

В: Прежде всего, вероятно, будет полезным спросить, какую должность вы занимаете здесь и каковы ваши основные обязанности.

О: Ну, сейчас я являюсь руководителем торговой группы, задача которой заключается в распространении торговой деятельности нашей фирмы на Советский Союз. Я занимаюсь некоторыми другими делами, а на протяжении последних трёх-четырёх лет я главным образом занимаюсь только этим.

В: Каков в основном был характер ваших контактов с советскими организациями? Как долго вы уже ведёте переговоры и чего вы стараетесь добиться?

О: Мы начали вести переговоры с советскими организациями в 1974 году из этой конторы. И до этого у нашей фирмы было много контактов с Советским Союзом. Ответственность за развитие торговли с Советским Союзом была возложена на наше отделение в Европе, но в 1972 году стало очевидно, что основной конкурент развил новые торговые отношения с Советским Союзом. Руководство в этой стране считало, что будет целесообразнее поручить руководство нашей деятель-

ностью в Советском Союзе самому председателю
правления фирмы, при этом против угрозы конку-
рентов можно будет предпринять более решитель-
ные меры. И не только это. Из этого немного-
го, что мы узнали о Советском Союзе в то время,
мы сделали вывод, что советские представители
предпочитают иметь дело с одним человеком, при-
нимающим решения без необходимости консультиро-
ваться с целой группой руководителей. В результате председатель правления начал непосредственно руководить делами в Советском Союзе и
некоторых других странах. Поскольку у него
множество других дел, он выделил нескольких человек из своего штата для руководства этой деятельностью, и я являюсь ответственным за торговлю с Советским Союзом.

В: Каков объём переговоров, в которых вы участву-
ете в настоящее время?

О: Поскольку мы оказались в затруднительном положении: наш конкурент уже подписал долгосроч-
ный контракт с советским правительством, и поскольку в тот момент у него были некоторые по-
литические преимущества, здесь в Америке это
вызывало серьёзное беспокойство: чего мы пы-
таемся достигнуть? Поэтому мы разработали
стратегию, одобренную нашим руководством, согласно которой мы решили начать изучение методов ведения торговли в Советском Союзе. Мы
старались продемонстрировать наши возможности
в некоторых других областях, кроме продажи товаров ширпотреба. Для этого мы набрали специалистов каждой из разнообразных областей техники, которыми мы занимаемся. Зная об инте-
ресе в Советском Союзе к прогрессивной технологии, мы считали, что это будет хорошим способом заинтересовать их тем, чем мы занимаемся. Затем было решено, что мы привезём эту
группу специалистов в Советский Союз, чтобы
они ознакомили различные министерства с нашей
деятельностью. В результате мы в достаточной
степени заинтересовали советских представителей, чтобы подписать с ними несколько протоко-
лов и техническое соглашение с Госкомитетом по
науке и технике о сотрудничестве в этих различных областях. Затем мы подписали протокол, я-
вившийся развитием соглашения с Министерством
пищевой промышленности, о работе над проектами,
цель которых - разработка лучшей технологии

для чайной промышленности и создание коммерческих установок для производства кофеина из отходов чая и для производства растворимого чая. Мы также подписали протокол с Министерством мясо-молочной промышленности о выполнении совместной научно-исследовательской программы, направленной на производство сыворотки--белкового концентрата из творожной сыворотки. В нашем агро-химическом отделении, уже специализирующемся по этим вопросам, была уже разработана такая технология. Таким образом в настоящее время мы строим экспериментальную установку для совместной работы, которую будут выполнять обе наши стороны.

В: Хорошо, значит вас попросили построить установку. Вы не продаёте им лицензию на использование ваших процессов или технологии?

О: Но это совместная научно-исследовательская программа. Цель её--разработка ноу-хау и приобретение знаний. А полученные таким образом знания будут в распоряжении обеих сторон. Интересно, что в этом случае мы можем работать непосредственно с Министерством мясо-молочной промышленности и нам не нужно обращаться в МВТ, поскольку мы ничего не покупаем и не продаём. Мы посылаем эту экспериментальную установку туда, и нам надо получить экспортную лицензию от собственного правительства, но не приходится тратить время на МВТ. Мы можем иметь дело непосредственно с министерством-заказчиком.

В: Интересно. Я впервые слышу о такой сделке.

О: Да, это единственный случай. Чтобы узнать, как торговать в этой стране, мы делаем довольно необычайные вещи. Эту часть нашего стратегического плана мы выполнили очень хорошо. Я думаю, что мы очень многое узнали о том, как торговать с Советским Союзом, поскольку нам удалось проникнуть за обычный барьер, а в результате нашей работы с Госкомитетом по науке и технике нам удалось найти множество путей совместной деятельности.

В: В какой степени вы практически имели дело с советскими внешнеторговыми организациями?

О: В довольно значительной. Наш первый опыт работы с МВТ мы получили при работе над установкой по производству кофеина. Вскоре после подписания протокола была отправлена делегация, состоящая из двух-трёх инженеров, одного научно-исследовательского работника и меня в Москву и затем в Грузию, где мы практически разговаривали с людьми, руководящими установками по сушке чая. Там также имеется институт чая. Мы познакомились со всеми этими людьми, они рассказали нам, что они хотят, дали технические спецификации. Это не является необычным--работать непосредственно с министерством-заказчиком над детальным разрешением технических проблем для выяснения, что хочет министерство. Более того, мы старались выяснить, что хочет организация, директор завода, какова должна быть величина установки, сколько на ней будет работать человек, каким будет используемое сырьё. Все эти вопросы были решены, после чего были продолжены переговоры с Министерством пищевой промышленности в Москве. По возвращении у нас было достаточно информации для разработки проекта процесса и установки, и мы решили предложить комплексную установку. Мы построили модель установки, отвезли её в Советский Союз и показали Министру пищевой промышленности, внесли некоторые изменения, и всё шло очень гладко. Теперь мы заметили, что на наших переговорах всё время присутствует какой-то человек, который сидит очень тихо, и мы не обращали на него особого внимания и не старались выяснить, кто это. Однако он сидел на всех переговорах. Возможно его нам даже представляли как представителя МВТ, кем он в действительности и являлся. Неожиданно нам сказали: "Ну, хорошо, мы удовлетворены техническими спецификациями на установку. Теперь нам нужно обратиться в МВТ." И оказалось, что этот человек играл очень важную роль во всём деле. Он сидел на совещаниях, делая заметки, так что он был в курсе всех дел. Затем нам устроили встречу с МВТ, которое направило нас в два В/О--Технопромимпорт, занимающееся импортом оборудования, и Медэкспорт, поскольку наша сделка была компенсационная и мы собирались покупать кофеин, вырабатываемый нашей установкой. Таким образом нам пришлось вести переговоры по двум контрактам: один на импорт оборудования и один на экспорт готовой продукции. Мы провели переговоры, после которых последовало долгое молчание. Ничего не происходило. Это было приблизительно то время, когда у них были проблемы с нехваткой валюты.

Их взгляд на проект в целом изменился и стал гораздо более искушенным. Они начали принимать во внимание общую картину финансирования, а не только приток твёрдой валюты, точно так же, как действовал бы американский руководитель предприятия. Оказалось, что по нашему проекту не будет отдачи в конце концов. Поэтому они потеряли к нему интерес. Я думаю, что они были очень довольны той тщательностью, с которой мы подготовили наше предложение. Я думаю, что это создало нам очень хорошую репутацию и поэтому, вероятно, она стоила затраченных средств.

В: Получили ли вы уже какую-нибудь реальную компенсацию?

О: Если вы спрашиваете, вернул ли я свои деньги, то ответ - нет.

В: Но я предполагаю, что у вас до сих пор есть доступ к этим людям.

О: Безусловно. Как раз сейчас они очень заинтересованы...те же самые люди, с которыми мы имели дело по кофеиновой установке...работают с нами сейчас над установкой по производству растворимого чая. Дела идут очень хорошо.

В: Можете ли вы охарактеризовать специфические этапы переговоров? Другими словами, едете ли вы туда сначала для ведения технических переговоров? Согласовываете ли затем спецификации? Переходите ли после этого к переговорам по контракту? Существует ли отдельный этап переговоров для обсуждения финансовых вопросов?

О: Безусловно. Все технические вопросы решаются с министерством-заказчиком. Я думаю может быть это не совсем обычно и так произошло только в нашем случае, но это не так уж удивительно. В такой ситуации вы имеете дело непосредственно с министерством-заказчиком и его заказчиками-- с людьми, которые практически будут работать на установках после пуска их в эксплуатацию. У нас с ними есть общий язык, большее взаимопонимание. Техники, инженеры и другой технический персонал...не важно, на каком языке они говорят, если есть хороший переводчик, между ними всегда устанавливается контакт для совместного разрешения технических проблем. Будут и неко-

торые противоречия...они будут стараться получить самое лучшее оборудование, наилучшее, новейшее, и при этом будут говорить: "Черт с
ней, с ценой." На первых этапах переговоров у
вас создастся впечатление, что цена не имеет
значения, причём может оказаться, что они хотят приобрести оборудование, превышающее по
спецификациям их потребности. На этом этапе
вы ещё не знаете, что, когда вы попадёте в МВТ,
там будут интересоваться только ценой: "Сни-
жайте цену." Здесь могут оказаться люди, убеж-
дённые, как и некоторые сотрудники из Госбанка
или Госплана, в том, что этот проект не так уж
важен, и может оказаться, что здесь же сидит
кто-нибудь из этих учреждений, но, отвечая на
ваш вопрос, могу сказать, что, как только заказчик скажет, что он удовлетворён техничес-
ми спецификациями, сотрудник МВТ становится основной фигурой на переговорах. Он сидел на технических переговорах и делал записи, поэтому
надо быть очень осторожным, чтобы ваши сотрудники случайно не упомянули услышанную где-то
цену. В этом случае такая цена становится мак-
симальной, и вам придётся со временем её пони-
зить. Понятно? Затем вы перебираетесь в МВТ
для ведения переговоров с министерством или В/О.
Там всё время переговоры будут проходить в ат-
мосфере конкуренции. Они постараются выяснить
ваши личные качества, оценить вашу стратегию,
предугадать ваше поведение и т.д. Переговоры
с ними будут трудными, очень, очень трудными.

В: Не могли бы вы суммировать свои впечатления о
   партнёрах по переговорам из МВТ? Очевидно это
   – профессионалы, прошедшие специальную подготовку...

О: И не только это. Они обычно весьма искусны в
   своём деле. Многие из них инженеры. Вы встре-
   тите среди них специалистов в трёх основных областях: юриспруденции, экономике и технике.

В: Вы уже вели технические переговоры. Интересу-
   ются ли эти люди в какой-либо степени техническими вопросами, связанными с торговлей?

О: Безусловно! Они обладают глубокими знаниями в
   рассматриваемой области, но у них нет полномо-
   чий вносить изменения.

В: Уполномочены ли они принимать окончательное решение, когда идёт речь о принятии изменений в вашем предложении? Предположим, вы приезжаете с предложением или компенсационной сделкой, имеющей определённую цену, и ведёте переговоры на базе этой цены в течение довольно долгого времени. Вы видите, что ваше предложение не принимается, тогда на следующее утро вы приходите с другим предложением. Могут ли они обычно рассмотреть его на месте или им приходится обращаться в более высокую инстанцию?

О: Я не могу ответить на этот вопрос. Я думаю... поскольку я никогда этого не делал...что вам следует в этом случае обращаться в инстанции, принимающие решения, и вести с ними переговоры. Я всегда так поступал. Я всегда знаю, когда переговоры заходят в тупик, и, когда это случается, я уезжаю домой.

В: Я слышал о случаях, когда американский партнёр по переговорам прибегает к тактике "отъезда", чтобы создать лучшую атмосферу переговоров.

О: Как дешёвый манёвр при переговорах может быть некоторые могут использовать его эффективно. Я не мог бы. Но я всегда делал одно основное предположение: что нам необходимо всегда добиваться, так это - доверия. Это именно то, чего мы добиваемся. А его ни в коем случае нельзя завоевать, используя дешёвые приёмы. Вы должны верить в то, что человек, сидящий по другую сторону стола - честный человек. Может быть он попытается вас сбить, с ним будет трудно договориться, и он будет делать всё, чтобы вы снизили цену или улучшили качество, или то и другое, но со мной никогда не случалось, чтобы они намеренно лгали о том, что они делают.

В: Какую стратегию или тактику они применяли в прошлом?

О: Наиболее распространённая - игнорирование. Когда вас заставляют сидеть в отеле до тех пор, пока вам всё не надоест. Со мной эта тактика не имела большого успеха, а я думаю, они это поняли. Со мной они почти не применяют её, но в начале безусловно пытались.

В: Если говорить о самих переговорах, как обычно строится работа? Сколько времени они длятся?

Когда начинаются?

О: Вы не можете устанавливать собственное время.
Однажды у меня была назначена важная встреча.
Я договорился встретиться с ними в среду или в
четверг. Из-за восьмичасовой разницы во времени, когда вы туда приезжаете, вам необходимо отдохнуть. Я хотел пойти в некоторые музеи
в Москве, поэтому я приехал на пару дней раньше, чтобы осмотреть город, побывать в музеях и
отдохнуть. Я решил приехать в понедельник,
тогда вторник и среда остались бы у меня для
того, чтобы привыкнуть к разнице во времени,
побездельничать и просмотреть заметки. У меня
в американском банке в Москве есть приятель, и
я пошёл повидаться с ним после завтрака. Пред-
ставьте себе, что через двадцать минут после
того, как я вошёл в его контору...а переговоры
были назначены только через два дня...мне поз-
вонил из Госкомитета сотрудник, организовавший
мою поездку, и сказал: "Сотрудники Союзплод-
импорта готовы принять вас в 10 часов(это было
примерно 9:30). Они посылают за вами машину в
отель." Они хотели начать переговоры и захва-
тили меня врасплох.

В: Какова обстановка при ведении переговоров?

О: Комната довольно большая со столом в центре,
на котором стоит полдюжины бутылок с безалко-
гольными напитками и водой. С одной стороны
стола сидят все советские торговые представители, которые принимают участие в переговорах,
а ваша группа - на другой стороне. Они всегда
удивляются, если с другой стороны стола не о-
чень много народа. Повидимому в этом случае
они немного нервничают. Один из тактических
приёмов - войти одному в комнату и пользоваться их переводчиком. Это прямо-таки выводит их
из равновесия. Может ощущаться некоторая хо-
лодность отношения...безусловно не тёплые...но
обычно атмосфера довольно дружелюбная. Климат
изменится в зависимости от того, какое они хотят произвести на вас впечатление. Но будьте
уверены, они попытаются предугадать вашу тактику.

В: Хорошо ли они реагируют на очень несговорчиво-
го партнёра, упорно отстаивающего свою точку
зрения? Уважают ли они искусных партнёров по
переговорам?

О:	Да, только таких партнёров они и уважают. Но не за упорство ради упорства. Они могут отличить грубость и упрямство там, где это не необходимо. Я не думаю, что это вызывает в них большое уважение. Если вы начнёте трепаться, то потеряете их уважение.

В:	Определили ли вы, нет ли у советских представителей каких-либо превалирующих интересов во время переговоров?

О:	Советские представители не стремятся получить прибыли также как представители капиталистических стран, например, Германии, Японии, США. Но они чертовски чувствительны к убыткам. Они не хотят терять денег. Убытки для них весьма ощутимы. Если в результате они не получат прибыли...в этом разница в их образе мысли во время переговоров. Вам нужно выбирать слова осторожно.

В:	Тогда давайте подведём итог. В чём, по вашему мнению, переговоры с советскими представителями отличаются от переговоров с представителями любой другой страны?

О:	Например, переговоры с японцами отличаются от переговоров с советскими представителями, как день от ночи. В Японии вы всё время чувствуете себя в приятном окружении, не зависимо от того, покупаете ли вы или продаёте. Они хотят быть гостеприимными хозяевами во время приёмов с гейшами, на обедах и т.п. Они как бы обезоруживают вас, создавая у вас впечатление, что они почти на вашей стороне. Но может случиться, что вы будете вести переговоры с японцами и в конце третьей недели в недоумении скажете: "Интересно, чего же они в действительности хотят?" Если вам понадобится больше 20 минут, чтобы выяснить, чего хотят русские, вы довольно-таки глупы. Они чертовски прямолинейны и очень быстро говорят вам, чего же именно они хотят. Их желания будут немного превышать ваши возможности. Вам лучше быть таким же прямолинейным и сказать: "Минуточку, друг, мы этого сделать не можем." Если вы боитесь высказать своё собственную точку зрения, то лучше оставайтесь в Нью-Йорке.

В:	Возникают ли какие-либо особые проблемы при переговорах с советскими представителями?

85

О: Всегда существует проблема взаимопонимания. А-
мериканцы склонны к некоторой небрежности. Вам
необходимо всё объяснять подробнейшим образом.
Избегайте любой возможности быть неправильно
понятым. Не считайте ничего само собой разуме-
ющимся. Ничего не предполагайте. В США при
переговорах между двумя фирмами американцы о-
чень многое принимают на веру. В этом случае
обычно применяется общее выражение "вот, что мы
собираемся сделать." В Советском Союзе вы так
поступать не можете. Там всё должно быть очень
чётко оговорено и именно поэтому получение контракта в Советском Союзе обходится вам гораздо
дороже, чем в любом другом известном мне месте. Ваши чертежи и спецификации должны быть о-
чень подробными.

В: Считаете ли вы, что в данном случае затрачива-
ется гораздо больше времени, чем в большинстве
стран?

О: В два - три раза больше.

В: Окупается ли это?

О: В зависимости от того, сколько вы готовы платить. Когда мы ещё не подписали контракты, некоторые говорили: "Какого чёрта вы туда едете?" Как я уже сказал, мы просто не можем с
точки зрения конкуренции позволить нашим кон-
курентам захватить рынок и научиться торговать
на нём, не обучившись этому сами. Но я не думаю, что мы можем допустить, чтобы они знали
больше о том, как там торговать или знали луч-
ше людей или были в лучших отношениях с людьми, с которыми нам придётся иметь дело в Советском Союзе, поэтому мы собираемся потратить
определённую сумму для того, чтобы добиться э-
того. Занимаясь всем этим, мы надеемся научиться получать прибыль от контрактов, которых
мы добиваемся. И возможно мы научимся продавать
некоторые советские товары на нашем рынке, что
важнее всего...компенсационные сделки. Многие
американские фирмы имеют множество товаров, которые они могут продавать в Советском Союзе.
Выиграют те фирмы, которые найдут способ дока-
зать русским свою незаменимость, поскольку они
обладают способностью продавать западные товары
в Советском Союзе, но одновременно находить ис-
точники твёрдой валюты для оплаты этих товаров.

СЛОВАРЬ ВТОРОГО СЛУЧАЯ

Страница № 77

конгломера́т	conglomerate
охва́тывать	to involve, encompass
нау́чно-иссле́довательский	scientific research
пищево́й	food
потреби́тельский	consumer
распростране́ние	expansion
доби́ться	to achieve
целесообра́знее	more efficient
поручи́ть	to entrust

Страница № 78

правле́ние	board, management
про́тив	against
угро́за	threat
страте́гия	strategy
одо́бренный	approved
това́ры ширпотре́ба	consumer goods
набра́ть	to assemble

Страница № 79

ча́йный	tea
устано́вка	plant
кофеи́н	caffeine
отхо́д	waste
раствори́мый	soluble
раствори́мый чай	instant tea
сы́воротка	whey
белко́вый	protein
концентра́т	concentrate
творо́жный	curd, cheese
агро-хими́ческий	agri-chemical
совме́стный	cooperative
впервы́е	for the first time
еди́нственный	only

барье́р	barrier
практи́чески	actually
в дово́льно значи́тельной сте́пени	quite a bit

Страница № 80

су́шка	drying
сырьё	raw materials
гла́дко	smoothly
удовлетворён	satisfied
совеща́ние	meeting, conference
быть в ку́рсе	to be in the know
устро́ить	to arrange
компенсацио́нный	compensation
нехва́тка	shortage

Страница № 81

искушённый	sophisticated
прито́к	inflow
твёрдый	hard
тща́тельность	thoroughness
созда́ть	to create
сто́ить	to be worth
до́ступ	access
безусло́вно	without question
кофе́йновый	caffeine

Страница № 82

противоре́чие	conflict, dispute
чёрт с ней, с цено́й	to hell with the price
впечатле́ние	impression
превыша́ющий	exceeding
попада́ть	to get to
убеждённый	convinced
фигу́ра	person
услы́шанный	heard
перебира́ться	to move
вы́яснить ли́чные ка́чества	to size up as a person

88

обладáть	to command
полномóчие	authority

инстáнция	stage, level of command
тупи́к	blind alley, sticking point
манёвр	manoevre
довéрие	trust
ни́ в кóем слу́чае	in no case
завоевáть	to win
сбить	to fake out of position
лгать	to lie
игнори́рование	ignoring
надоéсть	to be sick of

сóбственное врéмя	your own schedule
побездéльничать	to loaf
замéтки	notes
повидáться	to see, visit with
врасплóх	flat-footed, unawares
обстанóвка	setting
полдю́жины	half-a-dozen
безалкогóльный	non-alchoholic
нéрвничать	to be nervous
пря́мо-таки́	really
вы́водить из равновéсия	to throw off, rattle
ощущáться	to sense
дружелю́бный	friendly
произвести́ впечатлéние	to create an impression
несговóрчивый	intractable, tough
отстáивающий	standing up for, defending

упóрство	toughness
упря́мство	obstinancy
трепáться	to waffle, blather

89

превали́рующий	prevailing
чувстви́телен	sensitive
ощути́м	real, perceptible
окруже́ние	surroundings
гостеприи́мный	hospitable
хозя́ин	host
ге́йша	geisha
обезору́живать	to disarm
недоуме́ние	perplexity
понадобиться	to require, need
дово́льно-таки́	fairly, pretty
глуп	stupid
чертовски	damned
прямолине́йный	straight forward

Страница № 86

небре́жность	carelessness
само́ собо́й разуме́ющийся	self-evident
предполага́ть	to suppose
окупа́ться	to pay off, be justified
како́го чёрта	why in the hell
захвати́ть	to take over
обучи́вшись	having learned
вы́играть	to win
незамени́мость	indispensability

УПРАЖНЕНИЕ № 5

Напишите ответы на вопросы и приготовьтесь к устному ответу:

1. Какую должность занимает американский представитель?

2. Почему руководство фирмы решило передать торговлю с Советским Союзом под непосредственный контроль преседателя правления?

3. С кем советские представители предпочитают вести переговоры?

4. Почему конкурент американского представителя пользовался преимуществом?

5. Как он решил поступать?

6. Какую группу создала фирма американского представителя?

7. К какому результату привела поездка в Советский Союз группы экспертов?

8. Какой протокол подписал американский представитель с Министерством пищевой промышленности?

9. Какую цель преследовал протокол, подписанный с Министерством мясо-молочной промышленности?

10. Какую часть своей стратегии осуществил американский представитель?

11. К кому в СССР американский представитель обратился по поводу завода по производству кофеина?

12. Что делала делегация американского представителя в Грузии?

13. Почему надо работать с министерством-заказчиком?

14. Что в конце концов предложил американский представитель?

15. Кто присутствовал на всех переговорах, не участвуя в них?

16. Что надо делать после того, как сотрудники министерства-заказчика одобрят технические спецификации?

17. Что произошло в МВТ?

18. Почему американскому представителю надо было вести переговоры с двумя В/О?

19. Что произошло после заключения переговоров?

20. Почему из переговоров не вышло ничего конкретного?

21. Почему американский представитель не считал свою работу безрезультатной?

22. С кем американский представитель ведёт переговоры сейчас? О чём?

23. Какие вопросы задаются американскому представителю об этапах в переговорах?

24. Как решаются технические вопросы?

25. Какие отношения обычно устанавливаются между техническими специалистами обеих сторон?

26. Кто в советском внешнеторговом аппарате интересуется ценой?

27. Считают ли обычно сотрудники МВТ или Госплана сделку такой же важной, как технические специалисты министерства-заказчика?

28. Какую роль играет в переговорах представитель МВТ?

29. Можно ли американским инженерам неофициально говорить о цене, когда идёт обсуждение технических вопросов?

30. Каких отношений можно ожидать при переговорах в МВТ?

31. Какое мнение о советских партнёрах по переговорам в МВТ имеет американский представитель?

32. Как они подготовлены к работе?

33. Имеют ли советские представители из МВТ право менять технические детали сделки?

34. Что американский представитель считает необходимым для успешного ведения переговоров?

35. Какое поведение по отношению к представителям другой стороны американский представитель считает нормальным?

36. Какая тактика обратила на себя особое внимание американского представителя в СССР?

37. Строго ли советская сторона выполняет программу переговоров?

38. Опишите обстановку, в которой ведутся переговоры.

39. Какую делегацию ожидают советские участники с другой стороны?

40. Какое намерение имеют советские представители с самого начала?

41. Какого партнёра уважают советские представители?

42. Чего советские предвтавители стараются избежать в торговой сделке?

43. Как, по мнению американского представителя, переговоры с советскими представителями отличаются от переговоров в других странах?

44. Какие особые проблемы возникают при переговорах с советскими представителями?

45. Какие сделки, по мнению американского представителя, будут самыми успешными?

УПРАЖНЕНИЕ № 6

Переведите следующие предложения на русский:

1. The firm is a large conglomerate, which coordi-
nates the activities of several subsidiary firms.

2. Their areas of specialty range from industrial
research and development, chemical engineering,
and food processing to consumer goods sales.

3. It is his responsibility to establish lines of
communication with the relevant all-union ministries, FTO's and Ministry of Foreign Trade officials to promote the activities of these various companies to potential consumers.

4. His position now is that of General Manager for
a business group whose responsibility is to move
his company's business activities into the USSR.

5. The responsibility for developing business with
the Soviet Union was placed with an office in
Europe.

6. It became apparent in 1972 that a major competitor had developed new business in the Soviet Union.

7. The management here decided that it would be more effective to entrust the control and supervision of our activities in the Soviet Union to the Chairman of the Board.

8. It seemed to us that the Soviets preferred to deal with one man who made the decisions and did not have to review them with a whole bunch of bosses.

9. We tried to demonstrate our capabilities in areas other than consumer sales.

10. We got the experts together from each of our technology fields, because we knew of the Soviets' interest in high technology.

11. We took this group to the Soviet Union to make presentations to various ministries.

12. We signed a number of protocols and technical agreements with the State Committee on Science and Technology for cooperation in these various fields.

13. We signed a protocol to develop a better technology in the tea industry and to try to develop commercial plants for the production of caffeine from tea wastes and for the production of instant tea.

14. We are not licensing them to use our technology; we have a joint research program to produce know-how.

15. We are working directly with the end-user because there is no buying or selling. We are supplying them with a pilot plant.

16. We have learned a lot about how business gets done in the Soviet Union.

17. The representative of the MFT had been sitting in on all the negotiations, and he knew everything that had gone on.

18. We had to negotiate two contracts - one with
    Texnopromimport for the machinery, and one with
    Medexport for the caffeine that would be pro-
    duced by the plant.

19. They considered their total financial payout,
    not just the inflow of hard currency.

20. It was worth the money in that we built good-
    will.

21. We still have access to the people we worked
    with.

22. Once the end-user is satisfied with the tech-
    nical specifications, the MFT representative
    becomes a key figure.

23. One should not mention a price until all the
    Soviet demands are clear, because it will be-
    come the ceiling price.

24. At the MFT there is only an adversary relation-
    ship, where they quickly size you up as a per-
    son and negotiator.

25. The MFT representatives are very knowledgeable about the technical aspects of the deal, but they are not in a position to change them.

26. I always know where my choking point is, and when we get to that point, I go home.

27. The man on the other side of the table will try to fake you out of position; he will hammer on you to try to get your price down or your quality up.

28. Since there is an eight hour difference in time between New York and Moscow, after you arrive you need to catch up with the clock.

29. They wanted to start negotiations, and they caught me flat-footed.

30. It really rattles the Soviet negotiators if you come alone and use their interpreter.

31. They respect a hard bargainer who can press home his point.

ВТОРОЙ РАЗДЕЛ

УСЛОВИЯ ПЛАТЕЖА И РОЛЬ КРЕДИТА

Расчёты между СССР и капиталистическими странами производятся не в рублях, а в свободно-конвертируемой валюте.* Что касается советско-американской торговли, то оплата обычно производится в долларах США.

В СССР существует валютная монополия и право распоряжаться иностранной валютой сосредоточено в руках нескольких государственных учреждений. Валютный резерв, которым распоряжается Госбанк и Внешторгбанк, называется валютной кассой. В Советском Союзе считают, что размер валютной кассы должен быть достаточным для того, чтобы своевременно производить платежи и выгодно использовать конъюнктуру капиталистического рынка. Экспортно-импортные операции предусмотрены в плане, но при платежах иностранной валютой внешнеторговые работники всегда стараются уплатить за приобретаемые товары сумму меньшую от той, которая предусмотрена в плане.

Что касается механизмов расчёта во внешней торговле--это не очень сложное дело. Расчёты СССР с США обычно осуществляются путём оплаты товаров немедленно после их отгрузки.

Внешторгбанк руководит валютными ресурсами по валютному плану и хранит большую часть свободно-конвертируемой валюты в иностранных банках, с которыми советский банк имеет корреспондентские отношения. На текущих счетах хранится та часть валютных ресурсов, которая будет использована для платежа в ближайшее время. Остальные ресурсы хранятся в депозитах(срочных вкладах), с тем, чтобы получать прибыль в виде процентов, уплачиваемых банками.

Капиталистические фирмы получают деньги за проданные Советскому Союзу товары сразу же после их отгрузки. Платежи за эти товары осуществляются иностранными банками по поручению Внешторгбанка. Последний по указанию советского В/О, заключившего соглашение о закупке, даёт распоряжение иностранному банку перечислить определённую сумму в иностранной валюте на текущий счёт капиталистической фирмы, продавшей данный товар.

---

*Подробное описание в учебнике *ДЕНЕЖНОЕ ОБРАЩЕНИЕ И КРЕДИТ СССР*, стр. 363 - 403.

Торговля между СССР и промышленно-развитыми капиталистическими странами усложняется тем, что СССР ввозит гораздо больше товаров, чем вывозит. Так как импорт Советского Союза оплачивается иностранной валютой, заработанной только экспортом, СССР испытывает валютное напряжение и должен прибегать к кредитам.

Кредит всегда играет важную роль во внешней торговле. Когда отдельные фирмы продают товары в кредит, эти кредиты называются коммерческими или фирменными кредитами. В таких случаях импортёры(в данном случае, советские В/О)обычно выдают векселя, которые учитывают банки стран экспортёров. Коммерческие кредиты, таким образом, становятся банковскими кредитами. Банки стран экспортёров могут также предоставлять кредиты непосредственно советским В/О. Большая часть финансирования советско-американской торговли обеспечивается частными кредитными учреждениями США или европейскими банками.

Кредитная политика некоторых промышленно-развитых капиталистических стран направлена на расширение своего мирового рынка сбыта. Эти страны предоставляют кредиты от имени государства на выгодных условиях, например, на низкий процент и с долгосрочным погашением кредита.

Американские финансовые кредиты предоставляются Эксимбанком США. В периоде от 1971 года до 1974 года Советский Союз несколько раз получал кредиты от Эксимбанка но в 1974 году Конгресс США принял закон в области торговли, устанавливающий верхний предел кредитов(300 миллионов долларов), которые могут быть предоставлены СССР. Пока этот закон действует, новые финансовые кредиты США для СССР сильно ограничены, а американские фирмы, желающие заключить контракты с советского В/О, должны искать кредитов в частных банках. Иногда американские фирмы, имеющие дела с СССР, пользуются финансовыми кредитами западноевропейских государств посредством своих филиалов в этих странах. Однако, узнать величину таких кредитов почти невозможно. Если в процессе переговоров возникнет необходимость предоставления больших кредитов, то в большинстве случаев фирма, ведущая переговоры прибегает к услугам консультанта по международному финансированию или специалиста из своего штата, включённого в состав торговой делегации. Поэтому лицу, ведущему переговоры, вовсе необязательно знать все сложности международного финансирования, но ему надлежит разобраться в общем процессе и уметь разумно оперировать финансовыми условиями, включаемыми в большинстве контрактов. Представитель советского В/О безусловно будет пытаться получить кредит на более низкий процент, чем это обычно принято. Поэтому американский представитель, ведущий переговоры, должен знать сможет ли его фирма обеспечить кредит для СССР на такой процент. При этом должен хорошо ориентироваться в соотношении между общим финансированием и ценой контракта, т.е. включить в стоимость контракта потенциальную разницу между процентом, на который СССР может брать кредит в западных банках и процентом, на который получен контракт.

Виды финансирования сделок во внешней торговле принято классифицировать по продолжительности срока кредита. Краткосрочные займы чаще всего предназначены для финансирования небольших закупок, причём срок их обычно истекает через год. Кредит этого типа чаще всего предоставляют главные коммерческие банки в США и в Западной Европе, иногда корпорация сама обеспечивает кредит из собственных ресурсов. Во многих случаях Внешторгбанк выдаёт аккредитив продавцу по указанию советского В/О, заключающего контракт. Оплата производится после получения отгрузочных документов, свидетельствующих о том, что условия поставки товаров выполнены. Однако, при установившихся контактах между советским В/О и американской фирмой, нередко бывает, что они обходятся без формального аккредитива. В последнем случае В/О сохраняет открытый счёт у американской фирмы, расплачиваясь за товары или при их поставке, или в согласованные сроки.

При крупных сделках, таких как продажа заводов, технологий производства или отдельного оборудования, предоставляются кредиты на средние сроки (от 1 до 5 лет) или долгосрочные (от 5 до 12 лет). Из-за значительной стоимости этих сделок обеспечение такого кредита часто является сложным. Коммерческие банки могут оказаться не в состоянии предоставить достаточные кредиты и тогда приходится создать консорциум или синдикат, чтобы обеспечить необходимый капитал. Пока не был установлен предел кредита (300 миллионов долларов, выдаваемого Эксимбанком США) традиционным методом финансирования крупных сделок были кредиты, гарантированные правительством США. Это ограничение вынудило деловые круги США искать кредиты в других местах, в основном в зарубежных банках.

Поскольку эти сделки заключаются на большие суммы, советские представители обращают особенное внимание на величину проценту при долгосрочных кредитах и кредитах на средние сроки. Можно ожидать, что они отдадут предпочтение предложениям, включающим кредиты на низкий процент, если даже продажная цена ока-

жется более высокой. По сравнению с кредитами, га-
рантированными правительством, кредиты предоставляе-
мые частными банками почти всегда бывают на более
высокий процент. Чтобы сохранить свою конкурентно-
способность, американская фирма может быть вынужде-
на принять на себя высший процент или обеспечить
кредит в своём европейском филиале, имеющем в своём
распоряжении финансовый кредит.

Стандартной процедурой для советских В/О при
взятии кредита на средние сроки или долгосрочных кредитов, является подписание векселей на каждый платёж
согласно условиям контракта. Ввиду того, что величина процента очередного платежа может отличаться от
предыдущего, в каждом векселе указываются условия
контракта. Внешторгбанк гарантирует погашение векселей как правило два раза в год.

Небольшой запас твёрдой валюты в СССР предназ-
начен для импорта только необходимых товаров. Поэтому В/О часто настаивает на том, чтобы американские
фирмы приобрели советские товары или согласились сделать закупки в СССР на определённую сумму, т.е. компенсационная сделка.

В настоящее время в торговле между США и СССР
существуют два вида компенсационных сделок. Наиболее популярным видом является контр-закупка. Как
следует из самого названия она состоит из двух отдельных, но компенсирующих друг друга сделок. Первая сделка заключается в продаже американского товара Советскому Союзу. Во время переговоров под-
писывается торговое соглашение, по которому американская фирма закупит в Советском Союзе товары, стоимость которых составляет определённый процент цены
контракта. Затем американская фирма заключает второй контракт с В/О, в номенклатуру которого входит
товар, который она хочет купить.

Второй вид компенсационных сделок очень похож
на первый. Разница заключается в видах товаров, за-
купаемых у Советского Союза а также в цене компенсирующих друг друга сделок. При "обратной закупке"
американская фирма обычно соглашается на закупку в
течение продолжительного периода времени товаров,
изготовленных заводом, по технологии или на оборудовании, поставленных американской фирмой. Разница между ценой первоначальной сделки и "обратной
закупки" обычно очень невелика, хотя в некоторых
случаях стоимость "обратной закупки" даже превышает стоимость первоначальной. Сделки этого типа часто рассчитаны на период от 10 до 20 лет, в определённой степени из-за задержки, вызванной введением

в эксплуатацию оборудования, завода или технологии. Поскольку американские фирмы, поставляющие заводы или технологию стараются соблюдать стандарты на качество продукции, существует возможность получить высококачественные товары из СССР.

В случае компенсационной сделки, состоящей из двух отдельных операций, обычно требуются два отдельных контракта. В зависимости от типа товаров иногда необходимо, чтобы два В/О вели самостоятельные переговоры по каждой сделке. Если товары относятся к одной и той же отрасли промышленности, то возможно, что одно В/О будет достаточно компетентно, чтобы вести переговоры по обоим контрактам.

платёж	payment
роль	role
кредит	credit
расчёт	clearing, payment
капиталистические страны	Western countries
производиться	to be effected, carried out
рубль	Ruble
свободно-конвертируемый	freely convertible
валюта	hard currency
касаться	to concern
оплата	payment
доллар США	U.S. Dollar
валютный	currency
распоряжение	disposal
резерв	reserve
распоряжаться	to be at the disposal of, manage
называться	to be called
касса	fund, bank
достаточный	sufficient
своевременно	in good time, opportunely
выгодно	advantageously
использовать	to use, take advantage of
конъюнктура	current market conditions
действие	activity
предусмотрен	provided for
уплатить	to pay
приобретаемый	being acquired
меньший	lesser
механизм	mechanism
немедленно	immediately
хранить	to keep

корреспонде́нтский	correspondent
отноше́ния	relations
теку́щий	current, checking
счёт	account
депози́т	deposit
сро́чный вклад	time deposit
проце́нт	interest
упла́чиваемый	which is being paid
отпра́вка	shipment
осуществля́ться	to execute, fulfill
поруче́ние	authorization
после́дний	the latter
указа́ние	instruction
распоряже́ние	instruction
перечи́слить	to credit, enter

Страница № 102

промы́шленно	industrially
разви́тый	developed
усложня́ться	to be complicated
ввози́ть	to import
вывози́ть	to export
валю́тное напряже́ние	hard currency shortage
полага́ть	to rely
отде́льный	individual
комме́рческий	commercial
фи́рменный	firm, commercial (in English, commercial credit is any bank credit)
импортёр	importer
экспортёр	exporter
вы́дать	to issue
вексе́ль	promissory note
учи́тывать	to discount
ба́нковский	bank
предоставля́ть	to grant

обеспе́чиваться	to be supplied
ча́стный	private
креди́тный	credit
поли́тика	policy
ры́нок сбы́та	market, territory
фина́нсовый креди́ты(от от и́мени госуда́рства)	governmental credits
долгосро́чный	long-term
погаше́ние	payback
Эксимба́нк США	U.S. Export-Import Bank
зако́н	law
де́йствовать	to be in effect
ограни́чен	limited
иска́ть	to seek
филиа́л	affiliate, subsidiary
узна́ть	to uncover, determine
разме́р	size
прибега́ть	to resort to
соста́в	staff, composition
во́все	at all
надлежи́т	it is necessary
разбира́ться, разобра́ться	to understand

Страница № 103

ни́зкий	low
при́нято	usually done
соотноше́ние	correlation
прода́жный	sales
вид	type, kind
классифици́ровать	to classify
продолжи́тельность	duration
срок	time, term
краткосро́чный	short-term
заём	loan
причём	and, moreover
истека́ть	to expire

аккредити́в	letter of credit
отгру́зочный	shipping
докуме́нт	document
ука́зывающий	which shows, indicating
обходи́ться	to manage
форма́льный	formal
согласо́ванный	agreed upon
сре́дний	medium, middle
долгосро́чный	long-term
консо́рциум	consortium
синдика́т	syndicate
капита́л	capital
зарубе́жный	foreign
конкурентноспосо́бность	competitiveness
величина́	magnitude
отлича́ться	to differ
компенсацио́нный	compensation
популя́рный	popular
контр-заку́пка	counter-purchase
компенси́рующий	compensating
про́данный	sold
тре́буемый	necessary to, required
ра́зница	difference
закупа́емый	being purchased
изгото́вленный	produced
"обра́тная заку́пка"	buy-back (not yet a generally accepted term in Russian)
невели́к	small
превыша́ть	to exceed
рассчи́тан	set up
заде́ржка	delay
вы́званный	caused

Страница № 104

изготовле́ние	production, manufacture

Напишите ответы на следующие вопросы и приготовьтесь
к устному ответу:

1. В какой валюте производятся расчёты между СССР
    и капиталистическими странами?

2. Какая валютная система действует в СССР?

3. Что такое валютная касса?

4. Всегда ли внешнеторговые работники соглашаются
    платить ту сумму, которая была определена при
    предусмотренной в плане закупке?

5. Сложен ли механизм расчётов во внешней торгов-
    ле?

6. Каким образом осуществляется оплата за товары?

7. Где Внешторгбанк хранит свободную валюту?

8. Что такое текущий счёт?

9. Что такое депозит?

10. Когда Внешторгбанк осуществляет платежи капиталистическим фирмам?

11. Кто осуществляет платежи и как это делается?

12. Что усложняет торговлю между СССР и промышленно-развитыми капиталистическими странами?

13. На что следует полагаться, когда страна испытывает валютное напряжение?

14. Редким ли случаем во внешней торговле является закупка в кредит?

15. Что такое фирменный кредит?

16. Что выдаёт импортёр экспортёру, когда он покупает в кредит?

17. Что делают банки стран-экспортёров с векселями, выданными импортёрами?

18. Что такое банковский кредит?

19. Обеспечивает ли правительство США большинство финансирования советско-американской торговли?

20. Какую цель имеет кредитная политика промышленно-развитых капиталистических стран?

21. Какие страны надеются обеспечить свой рынок сбыта?

22. Предоставляет ли американское правительство финансовые кредиты?

23. Какой закон принял Конгресс США в 1974 году?

24. Какое значение для советско-американской торговли имел закон о торговле с 1974 года?

25. Что должна сделать американская фирма, когда невозможно получить государственные кредиты в США?

26. Какое преимущество в получении финансовых кредитов имеет международная корпорация?

27. Должен ли представитель фирмы, ведущий переговоры, быть специалистом по финансированию?

28. Что он должен знать о финансировании?

29. Как принято классифицировать кредиты?

30. Что такое краткосрочный кредит?

31. Все ли финансовые кредиты краткосрочны?

32. Где можно получить краткосрочные кредиты?

33. Что делает Внешторгбанк, чтобы данное В/О могло
     получить краткосрочный кредит у американской фир-
     мы?

34. Когда осуществляется оплата или погашение крат-
     косрочного кредита?

35. В каких случаях пользуются кредитами на сред-
     ние сроки, а когда долгосрочными кредитами?

36. Какой срок погашения имеет долгосрочый кредит?

37. Почему трудно обеспечить кредит при таких сделках, как продажа завода?

38. Что можно сделать, когда один банк капиталистической страны не в состоянии предоставить полный кредит для данной сделки?

39. На что особенно обращают внимание советские представители при получении кредитов?

40. Какое влияние на сделку имеют кредитные условия?

41. Почему советские представители предпочитают получать кредиты от правительства?

42. Почему американская фирма иногда берёт на себя часть высокого процента?

43. Каким образом советские В/О обычно производят платёж при получении кредит на средние или долгие сроки?

44. Какую форму финансирования в торговле востока с западом предпочитают в Советском Союзе, учитывая валютное напряжение СССР?

45. Что такое компенсационная сделка?

46. Почему Советский Союз предпочитает компенсаци-
    онные сделки?

47. Какой вид компенсационных сделок является бо-
    лее популярным?

48. Сколько контрактов заключается при контр-закуп-
    ке?

49. Должна ли американская фирма в случае контр-за-
    купки закупить товары от советского В/О, кото-
    рому она продала оборудование?

50. Чем отличается второй вид компенсационных сде-
    лок от первого?

51. Почему второй вид компенсационных сделок рас-
    считан на такой долгий период?

Переведите следующие предложения на русский:

1. Clearing payments between the USSR and the West are made in freely convertible currency.

2. In Soviet-American trade, payments are usually made in U.S. dollars.

3. The hard currency reserve is at the disposal of the State Bank and the Foreign Trade Bank, and it is called the hard currency fund.

4. The size of the currency fund should be sufficient to make payments on time and to take advantage of the hard currency market.

5. The clearing mechanism in foreign trade is not very complex.

6. Clearing between the USSR and the U.S. is effected by payment for goods upon shipment.

7. The hard currency to be used for payments in the near future is kept in checking accounts.

8. The remaining reserves are kept in time deposits in order to earn interest.

9. Payments for goods upon shipment are made by Western banks by instruction of the Foreign Trade Bank.

10. The FTO concluding a contract of purchase informs the Foreign Trade Bank of the shipment of goods.

11. The Foreign Trade Bank instructs the Western bank to credit a specific sum in hard currency to the checking account of the Western firm which has sold the goods.

12. Trade between the USSR and the industrially developed countries is complicated by the Soviet Union's hard currency shortage.

13. Countries which wish to broaden their share of the world market offer government credits at low interest rates and with long-term repayment.

14. American governmental credits are granted by the Ex-Im Bank of the U.S.

15. The 1974 Trade Law established a limit of 300 million on the governmental credits that could be offered the Soviet Union.

16. Sometimes American firms take advantage of West European governmental credits via their subsidiaries in those countries.

17. The American negotiator should understand the overall process of financing Soviet-American trade and be able to deal with the financial terms normally included in such contracts.

18. The American negotiator should be aware of the relationship between the financing and the overall price of the contract.

19. Types of financing are normally classified according to the time period of the credit.

20. Short-term loans are usually for moderate purchases and expire within a year.

21.   Short-term credit is usually granted to the So-
       viet Union by a private bank.

22.   Upon the instructions of an FTO, the Foreign
       Trade Bank will often issue a letter of credit
       to the seller.

23.   Sometimes an FTO maintains an open account with
       a firm.

24.   Medium-term or long-term credit is granted for
       large deals.

25.   When one bank is not able to handle the entire
       deal, a consortium or syndicate is formed.

26.   The Soviets are especially sensitive to inter-
       est rates.

27.   Governmental credits are always at a lower rate
       than bank credits.

28.   Promissory notes are issued for each payment
       when the credit is medium-term or long-term.

29. The Foreign Trade Bank guarantees payment of the notes twice a year.

30. The small supply of hard currency in the USSR is designated for high priority imports.

31. An FTO might insist that an American firm purchase Soviet products of a certain value.

32. The most popular form of compensation deal is counter purchase.

33. In a buy-back deal, the American firm usually buys over a long period goods produced by the technology which it sold to the Soviet Union.

34. Buy-back deals are set up on a 10-20 year basis.

ТРЕТИЙ РАЗДЕЛ

КОНТРАКТ О ПРОДАЖЕ

Окончательно подписанный контракт между американской фирмой и советским В/О является результатом терпеливого ведения переговоров на протяжении месяцев или даже лет. Когда переговоры уже достигли стадии обсуждения таких деталей, как например, сроков поставки, упаковки, перевозки и обучения кадров, то можно более уверенно рассчитывать на подписание контракта, хотя полностью гарантировать этого всё же нельзя. Следует, однако, отметить, что существенные переговоры о заключении контракта могут оказаться и безрезультатными. Месяцы, проведённые на переговорах могут оказаться напрасными в последний момент из-за разногласий относительно цены или условий финансспрования.

Советское право предусматривает выполнение ряда условий, перед тем как контракт войдёт в силу. Во-первых, обе стороны должны подписать конртакт. Поскольку только определённые лица В/О имеют право подписывать контракты, американская делегация должна вначале проверить по журналу "Внешняя торговля," кто из данного В/О уполномочен подписывать контракты. Всегда нужно две подписи с советской стороны, и уполномоченными лицами часто являются генеральный директор и замдиректора фирмы. Во-вторых, организация, ведущая переговоры о заключении контракта должна быть уполномочена на торговлю данными товарами. В-третьих, чтобы контракт был действительным, он должен быть изложен в письменной форме. Наконец, условия контракта должна соответствовать советским законам и национальным интересам.

При заключении почти всех сделок с советскими В/О, советские представители предлагают стандартную форму контракта. Такой контракт обычно отражает те условия, которые В/О считает необходимыми. Советские В/О представляют контракты, написанные на русском языке на одной стороне страницы, а на другой стороне на английском языке. Оба текста, то есть английский и русский имеют одинаковую силу и должны быть подписаны обеими сторонами. Однако, имея в виду затруднения, связанные с расхождениями перевода и оригинала, надо тщательно обсудить все статьи контракта, чтобы достичь взаимного согласия относительно их значения.

Установление цен и условий поставки в контрактах советских В/О, соответствуют тем, которые общеприняты в международной торговле: ФОБ, ФАС, СИФ и СиФ. Цена ФОБ(франко борт судна)значит, что продавец обязан нести издержки и ответственность за поставку товара на борт судна на определённое место (т.е. предмет, ФОБ судно порт Нью Йорк, США, $100). ФАС(франко вдоль борта судна), указывает, что продавец обязан за свой счёт доставить груз на пристань, к кранам перевозящего судна(т.е. предмет, ФАС судно, $100). СИФ(стоимость, страховиние и фрахт), и СиФ (стоимость и фрахт)определяют какие расходы должен понести продавец. Необходимо, чтобы обе стороны полностью согласились относительно условий поставки до установления цены, так как стоимость перевозок между США и СССР высока, а непредвиденные издержки при перевозке могут превратить прибыльную сделку в убыточную.

После подписания контракта все пункты и условия документа подлежат обязательному выполнению. Поэтому, если одна из сторон возражает против какого-либо из пунктов или желает вставить новое условие, эти изменения должны быть внесены в текст и скреплены соответствующими подписями. Многие стандартные контракты имеют свободные места для внесения таких исправлений. Свободные места оставляются также для записи деталей соглашения, как например, для описания изделий, спецификаций, сроков поставки, запасных частей и обязательств по обслуживанию, подготовки кадров, инспектирования, упаковочных инструкций, испытания, перевозки, условий кредита и финансирования и установки. Обычно обе стороны после достижения договорённости о терминах и тексте каждой страницы, ставят свои инициалы на каждой странице.

Советская сторона ожидает строгого соблюдения условий контракта. Обе стороны в сделке подчиняются советскому закону в случаях невыполнения обязательств по контракту. Однако, ряд пунктов вносится в контракт, с тем чтобы облегчить решение спорных вопросов и свести к минимуму необходимость прибегать к судебному иску. Можно назвать четыре пункта наиболее типичные для всех контрактов, характеризующие обязательства сторон: гарантии, санкции, форс-мажор и арбитраж. Ниже приведён образец стандартного контракта, чтобы ознакомиться с типичной формулировкой стандартного контракта советского В/О.

ОБРАЗЕЦ СТАНДАРТНОГО КОНТРАКТА В/О МЕТАЛЛУРГИМПОРТА

Контракт № 19-03/53332-422

Транс № 67154-67155

г. Москва (____) июня 1975 г.

___"Интеко Корпорейшн", США___

именуемая в дальнейшем "Продавец," с одной стороны, и Всесоюзное объединение "Металлургимпорт," г. Москва, СССР, именуемое в дальнейшем "Покупатель," с другой стороны, заключили настоящий контракт о нижеследующем:

§1. Предмет контракта

1.1. Продавец продал, а Покупатель купил на условиях ф.о.б. судно порт Нью-Йорк, США

следующее оборудование: _____
Один гидравлический и один пневматический испытательные стенды, включая два комплекта запчастей.
в полном соответствии с технической характеристикой и в комплктации согласно Приложению № 1 .

§2. Цена и общая сумма контракта

2.1. Цена понимается ф.о.б. **судно порт Нью-Йорк, США**
Продавец несёт все расходы по поставке товара на условиях ф.о.б. включая стоимость морской упаковки, маркировки, погрузки на борт судна, укладки и укрепления оборудования в трюме, стоимость необходимого для этого материала, лихтировки, штивки, перемещения груза на причале, стивидорных работ, оплачивает доковые, портовые, крановые сборы и таможенные пошлины, а также оплачивает все другие расходы, которые могут возникнуть на территории страны Продавца

и страны порта отгрузки в связи с исполнением настоящего контракта. Право собственности на товар, а также риск случайной утраты или повреждения товара переходят с Продавца на Покупателя с момента перехода товара на борт судна в порту погрузки.

123

*Общая сумма контракта составляет*_____

_____
_____
_____

2.2. *Цены по позициям указаны в Приложении №* **1** *и у-*
     станавливаются в _____ **долларах США** _____
                              (валюта)

2.3. *Цены твёрдые и не подлежат изменению.*

§3. *Сроки поставки*

3.1. *Сроки поставки оборудования указаны в Приложе-*
     нии № **1** .

3.2. *Оборудование поставляется согласно спецификации,*
     указанной в Приложении № **1** , *только комплектно*
     по каждому трансу.

3.3. *Некомплектная отгрузка оборудования по трансам*
     не разрешается.

3.4. *К указанным срокам оборудование должно быть из-*
     готовлено, испытано, упаковано и поставлено _____
     ф.о.б. судно порт _____

3.5. *Датой поставки считается дата "чистого бортово-*
     го" коносамента, выписанного на имя Покупателя.

§4. Условия платежа

Платежи за оборудование, поставляемое по контракту,
будут осуществляться через "Чейз Манхэттен Банк,"
Нью-Йорк, следующим образом:

4.1. Платёж_____долларов США, составляющий 10%
     общей суммы контракта, будет произведён Покупа-
     телем в течение 60 дней с даты подписания кон-
     тракта и 45 дней с даты получения в Москве Внеш-
     торгбанком СССР на инкассо следующих документов:

     4.1.1. оригинала и 5 копий счёта Продавца с ука-
            занием суммы авансового платежа,

     4.1.2. банковской гарантии первоклассного банка
            США по форме, согласованной между Продав-
            цом и Покупателем,

     4.1.3. Фотокопии оригинала действующей экспорт-

ной лицензии или письма Министерства торговли США о том, что лицензии не требует-
ся(в 3-х экз.).

Платёж в размере 85% от общей стоимости оборудования, включая запасные части,_____,
поставляемого по контракту комплектно по каждому
трансу, будет производиться в соответствии с у-
словиями финансового соглашения между Внешторгбанком, СССР, Чейз Манхэттен Банком(Национальная
Ассоциация)и Экспортно-Импортным Банком, США, от
14 февраля 1974 г.(кредит Эксимбанка № 4423).

4.2. Платёж в размере_____долларов США за
техническую документацию поставляемую согласно
Приложению № 2 будет производиться в течение 45
дней с даты получения в Москве Внешторгбанком на
инкассо следующих документов, направленных через
Чейз Манхэттен Банк:

    4.2.1. оригинала и 5 копий счёта Продавца,

    4.2.2. оригинала авианакладной об отправке в ад-
        рес Покупателя техдокументации, указанной
        в п.п. 1.1.1., 1.1.2., 1.3.1. Приложении
        № 2, подтверждающего передачу техдокумен-
        тации представителю Покупателя в США,

    4.2.3. перечня отправленной или переданной тех-
        документации,

    4.2.4. акта приёма техдокументации Покупателем,
        подписанного представителями Продавца и
        Покупателя.

4.3. Платёж в сумме_____США долларов за оборудование и запчасти будет производиться после отгрузки оборудования в течение 45 дней с даты по-
личения в Москве Внешторгбанком СССР на инкассо
следующих документов, направленных через Чейз
Манхэттен Банк:

    4.3.1. специфицированного счёта Продавца--один
        оригинал и 4 копии(в которых должны быть
        указаны номер контракта, номер трансов,
        стоимость оборудования за вычетом аван-
        сового платежа, гарантийного платежа),

    4.3.2. оригинала сертификата Поставщика, состав-
        ленного в соответствии с требованиями фор-

мы № 1, Эксимбанка № 4423 от марта 1975г., удостоверяющего американское происхождение позиций,

4.3.3. полного комплекта "чистых бортовых" коносаментов, выписанных на имя Покупателя с местом назначения--советский порт, вместе с обязательством Продавца экспортировать указанные позиции согласно кредиту Эксимбанка № 4423 от 21 марта 1973,

4.3.4. гарантийного письма Продавца, удостоверяющего качество и комплектность поставляемого оборудования и его соответствие условиям контракта(4 экземпляра),

4.3.5. специфицированных упаковочных листов(5 экземпляров),

4.3.6. разрешения инспектора Покупателя или представителя Покупателя на отгрузку оборудования после его испытания с участием инспектора Покупателя или без его участия в соответствии с п. 9 контракта(4 экземпляра),

4.3.7. протокола заводского испытания на каждое комплектно поставленное оборудование(4 экземпляра),

4.3.8. 4-х копий письма Продавца, подтверждающего отправку техдокументации в адрес, указанный Покупателем, в соответствии с Приложением № 2 настоящего контракта на отгружаемое оборудование,

4.3.9. фотокопии оригинала действующей экспортной лицензии, если таковая требуется(в 3-х экз.).

Платёж должен быть осуществлён только за комплектные поставки по каждому трансу.

4.4. В случае, если после окончательных испытаний поставленное оборудование не достигнет количественных и качественных характеристик, оговорённых в контракте, что будет подтверждено протоколом, подписанным представителями Покупателя и Продавца, или актом экспертизы, выданным нейтральной организацией--Торгово-промышленной палатой СССР--Продавец обязуется вернуть гарантийную сумму, которая не превышает 5% стоимости каждого номера транса, но не больше_____ долларов США в отношении всего поставленного оборудования в соответствии с формой гарантийного письма, как названо в Приложении № 3.

Платёж этой гарантийной суммы Продавцом не лишает Покупателя права предъявлять другие претензии, вытекающие из настоящего контракта.

Возмещения гарантийной суммы банком США не лишает Продавца права обращаться на арбитраж в соответствии со Статьёй 17 контракта, в случае, если возникает спор между Продавцом и Покупателем в отношении гарантийной суммы.

4.5. Покупатель имеет право на удержание при оплате счетов сумм, предусмотренных контрактом:

--штрафа за задержку в поставке

Указанная оговорка должна быть включена в инкассовое поручение Чейз Манхэттен Банка.

4.6. Все расходы на инкассо подлежат оплате следующим образом:

Все расходы банка страны Продавца идут за счёт Продавца. Все расходы Внешторгбанка СССР идут за счёт Покупателя.

§5. Упаковка

5.1. Оборудование должно отгружаться в экспортной морской упаковке в ящиках.

5.1.1. Упаковка производится на заводе Продавца или вблизи его.

5.2. Ящики изготовлены из вполне

доброкачественных сухих лесоматериалов, которые не должны иметь трещин, выпадающих сучков и других дефектов, уменьшающих прочность и надёжность упаковки, доски обшивки ящиков собираются в шпунт без щелей.

5.3. Для обивки стенок ящиков с внутренней стороны применяются водонепроницаемые материалы.

5.4. Все открытые обработанные поверхности деталей

должны быть тщательно покрыты антикоррозийными средствами.

5.5. Упаковка и консервация должны обеспечивать полную сохранность оборудования от всякого рода повреждений и коррозии при перевозке его всеми видами сухопутного и водного транспорта с учётом несколько перегрузок в пути, а также длительного хранения в условиях жаркого лета и холодной зимы (± 40°С).

5.6. Каждое место весом более 500 кг должно иметь надёжные салазки из деревянных брусьев, соответствующих весу груза и приспособленных для стройповки.

5.7. Упаковка должна быть приспособлена как к крановым перегрузкам, так и к перегрузкам ручным способом, на тележках и автокарах, поскольку это допускается весом и объёмом отдельных мест.

5.8. Продавец обязуется упаковывать оборудование таким образом, чтобы размеры отдельных мест или ящиков не превышали нижеуказанные максимальные габариты, допустимые при перевозке грузов по железным дорогам СССР без предварительного согласования:

    длина   - 10.000 мм.
    ширина - 3.250 мм.
    высота - 2.680 мм.

5.9. Если ящик больше указанного размера, то допускается изготовление ящиков со скошенными верхними углами. Скос должен начинаться с высоты 2.680 мм. с таким расчётом, чтобы ширина ящика на высоте 4.000 мм. не превышала максимально 1.240 мм. В случае, если груз не упакован в ящики, он должен вписываться в указанные габаритные размеры.

5.10. Эскизы ящика или места, размер которых превышает вышеуказанные габариты или вес которых в упакованном виде составляет 30 тонн и больше, а также эскизы ящика или места длиной более 10 метров Продавец должен представить Покупателю для согласования до начала изготовления оборудования. На эскизах должны быть указаны длина, ширина, высота, вес, а также координаты расположения центра тяжести каждого места и способ крепления его на железнодорожном подвижном составе(масштаб эскизов 1:50, количества--5 экз. для каждого места).

5.11. В случае если Покупатель подтвердит к провозу по железным дорогам СССР вышеупомянутые негабаритные и/или тяжеловесные грузы на основании представленных Продавцом эскизов, то Продавец обязан полностью соблюсти размеры и способ крепления груза на железнодорожном подвижном составе, предусмотренные на этих эскизах.

5.12. При отгрузке негабаритных и/или тяжеловесных грузов Продавец прикладывает к коносаменту железнодорожной накладной в 3 экз. вышеуказанные согласованные с Покупателем эскизы.

5.13. На каждое место в отдельности Продавец обязан составить упаковочный лист, в котором указывается наименование машины(модели)или отдельных деталей оборудования, номер контракта, заводской номер машины, номер позиций по спецификации контракта, вес нетто и брутто.

5.14. Один экземпляр упаковочного листа в водонепроницаемом конверте вкладывается в ящик с оборудованием и один экземпляр прикрепляется к наружной стороне ящика. Конверт, прикреплённый к наружной стороне, должен быть покрыт тонкой металической пластинкой, прибиваемой к ящику или привариваемой точечной сваркой непосредственно к металическим частям оборудования, отгружаемого без упаковки.

5.15. Продавец несёт ответственность перед Покупателем и обязан возместить ему убытки, возникшие от порчи, повреждения или поломки груза вследствие его ненадлежащей или некачественной упаковки и/или консервации.

5.16. В случае если Продавец без согласования с Покупателем отгрузит груз с размерами, превышающими указанные в пунктах 5.8. и 5.9., Продавец возместит Покупателю возникшие вследствие этого расходы.

§6. Маркировка

6.1. Маркировка на каждом ящике с грузом должна наноситься с четырёх сторон(на двух противоположних боковых сторонах и на двух торцовых). Груз, не упакованный в ящики, маркируется с двух противоположных сторон.

6.2. Маркировка должна быть нанесена чётко, несмываемой краской на русском и английском языках и содержать следующее:

На боковых сторонах:

В/О "Металлургимпорт", СССР
Контракт №
Транс №
Место №
Вес брутто   кг
Вес нетто   кг
Размеры ящика в см(длина, ширина, высота)

Места, требующие специального обращения, должны иметь дополнительную маркировку:

Верх!
Осторожно!

На торцовых сторонах:

В/О "Металлургимпорт"
Контракт №
Транс №
Место №
Код №

6.3. На негабаритных, тяжеловесных и длинномерных местах(длиной более 10 метров), а также на грузах в ящичной упаковке весом 500 кг и более и высота которых превышает 1 м должно быть указано несмываемой краской место нахождения центра тяжести знаком "+" и буквами "ЦТ"(на торцовой и боковой поверхностях места), а также должно быть указано место захвата погрузочно-разгрузочными механизмами.

6.4. Места каждого транса нумеруются дробным числом, в котором числитель обозначает порядковый номер места, а знаменатель--общее число мест, в которых упаковано комплектное оборудование, отгружаемое по данному трансу.

Запасные части к оборудованию упаковываются в отдельные ящики(эти ящики могут быть помещены в ящики с оборудованием). Отдельные ящики с запчас-

130

тями должны обозначаться полосой чёрного цвета. Полоса наносится горизонтально над маркировкой с двух противоположных сторон ящика(ширина полосы--5 см, длина--50 см).

6.6. *Продавец обязан возместить Покупателю дополнительные расходы, которые могут возникнуть вследствие неправильной и/или неполной маркировки.*

§7. *Экспедиторская фирма*

Погрузка оборудования.

7.1. Транспортно-экспедиторская обработка груза в порту погрузки будет выполняться агентом Покупателя фирмой

William H. Muller Shipping Corp.
25 Broadway
New York, New York 10004

7.2. По согласованию сторон, оборудование может быть отгружено из других портов США, кроме упомянутых в пунктах 1.1. и 2.1. контракта, а также из Монреаля, Канада.

7.3. *Если перевозка оборудования будет производиться на линейных условиях, предусматривающих, что стоимость погрузки груза на судно входит в стоимость фрахта, то, учитывая условия пункта 2.1. контракта, Продавец возместит Покупателью стоимость погрузочных работ, согласно тарифам, действующим в порту погрузки.*

Оплата будет произведена в течение 20 дней с даты письма Покупателя об оплате.

7.4. *По согласованию сторон погрузочные работы могут быть произведены также агентом Покупателя за счёт Покупателя, и в этом случае Продавец оплатит Покупателью стоимость погрузочных работ против счёта агента Покупателя в течение 20 дней с даты письма Покупателя об оплате.*

7.5. *Если по каким-либо причинам возмещение стоимости погрузочных работ не будет осуществлено в соответствии с вышеприведёнными пунктами, то Покупатель будет иметь право удержать стоимость погрузочных работ при оплате очередного счёта за оборудование при платежах по пункту 4.2.*

§8. Отгрузочные инструкции и извещение об отгрузке

8.1. Продавец обязан за свой счёт послать по телеграфу (или телетайпу) сообщение Покупателю, Представительству В/О "Совинфлот" в Нью-Йорке, США, (телекс 125803), Камской закупочной комиссии, Нью-Йорк, США (телекс 127382 КРС) не менее, чем за 50 дней до предполагаемой даты готовности оборудования к отгрузке с завода в порт погрузки с указанием следующих данных:

- наименование оборудования
- отправитель (название, адрес)
- получатель (название, адрес)
- № контракта
- № транса
- стоимость оборудования
- место изготовления
- количество мест
- общий вес (кг)
- общий объём в куб. футах
- вес негабаритных мест
- длина негабаритных мест
- высота и ширина негабаритных мест
- дата прибытия груза в порт

По получении указанного извещения Покупатель сообщает Продавцу название судна и дату его прибытия в порт погрузки. Это сообщение высылается не позднее чем за 10 дней до прибытия судна в порт погрузки.

8.2. Если оборудование, в соответствии с условиями контракта, прибудет в порт погрузки, но по причинам не зависящим от Продавца, не может быть погружено на борт судна или судно не прибудет к намеченному сроку, Продавец обязуется хранить за свой счёт оборудование в порту отправления в течение 20 дней с даты прибытия оборудования в порт погрузки.

По истечении указанных выше 20 дней, оборудование до его погрузки на судно хранится за счёт Покупателя.

Указанное выше не освобождает Продавца от обязанностей отгрузить оборудование на условиях ф.о.б.

8.3. *В течение 21 часа после погрузки оборудования*

на судно Продавец высылает Покупателю за свой счёт телеграфное(или телетайпное)извещение о погрузке с указанием следующих данных: название судна, дата отплытия(или назначенная дата отплытия), порт назначения, наименование товара, номер контракта, номер трансов, номер коносамента, число мест, вес брутто и вес нетто. Указанное подтверждение должно быть подтверждено письмом.

8.4. С капитанской почтой Покупателю должны быть направлены: манифест, два оригинала и две копии коносамента, два экземпляра эскизов на негабаритные, длинномерные, тяжеловесные грузы(при наличии таких грузов), независимо от документов представляемых в банк для оплаты отгруженного оборудования, согласно параграфу 4 "Условия платежа" контракта.

8.5. Если Продавец не сможет доставить оборудование в порт к сроку, указанному в §8.1. полностью или частично и не предупредит об этом Покупателя в течение 20 дней с момента отсылки извещения*,все расходы, связанные с мёртвым фрахтом или простоем судна, будут отнесены на счёт Продавца.

8.6. За неизвещение или несвоевременное извещение о произведённой отгрузке оборудования Продавец уплачивает Покупателю штраф в размере 0,1 процента от стоимости отгруженного оборудования.

В случае невозможности отгрузки товара из порта по причинам, не зависящим от Покупателя, Продавец обязан с согласия Покупателя принять это оборудование, вернуть все произведённые платежи и распорядиться им как собственным товаром. Однако, до этого Продавец имеет право отгрузить оборудование через Канаду или найти судно направлением--Советский порт.

§9.   Инспектирование и испытание

9.1. Покупатель имеет право через своих инспекторов в течение рабочего дня производить на заводах Продавца и заводах его субпоставщиков проверку хода и качества изготовления оборудования, производить проверку всех применяемых материалов, деталей и комплектных узлов оборудования в отношении соответствия их стандартам, чертежам и другим техническим условиям, указанным в контрак-

*о готовности оборудования к отгрузке

те и его приложениях, а также участвовать в испытаниях машин, аппаратов и комплектного оборудования, проводимых Продавцом или его субпостав-
щиками в соответствии с настоящим контрактом, в
том числе проверять качество упаковки.

Продавец обеспечивает за свой счёт инспекторов
Покупателя **внутригородским транспортом.**

9.2. Испытание оборудования или его частей должно производиться на заводах Продавца и его субпоставщиков по согласованной сторонами программе в присутствии инспекторов Покупателя. При этом Продавец предоставляет Покупателя все необходимые
для испытаний материалы, документы, а также удоб-
ные для работы помещения и оплачивает все расход-
ы связанные с проведением испытания, материалов,
узлов, и комплектных машин и агрегатов.

Продавец оказывает содействие инспекторам Покупателя в разрешении всех формальностей, связанных с их пребыванием и перемещениями в стране
Продавца.

9.3. До испытания оборудования в присутствии инспектора Покупателя оно должно быть испытано и принято контрольным персоналом **Продавца.**

9.4. Извещение Продавца о готовности оборудования к
испытанию должно быть послано Покупателю и по-
лучено им не позднее чем за 45 дней до предла-
гаемого срока начала испытаний. Если Покупатель
или его представитель письменно сообщает Продавцу до начала испытания, что он не может присутс-
твовать при испытаниях оборудования, или если
Продавец не получит от Покупателя никакого извещения по вопросу инспекции до дня, на который
назначено испытание, Продавец производит испытание без участия инспекторов Покупателя.

9.5. После проведения испытаний оборудования в присутствии инспекторов Покупателя или без их у-
частия Продавец обязан в кратчайший срок составить протокол с подробным изложением результа-
тов испытания, указав в заключение, что изготовленное и испытанное оборудование соответствует
техническим условиям, габаритным чертежам и всем
остальным условиям настоящего контракта.

Оборудование, прошедшее испытания в присутствии
инспекторов Покупателя или без их участия, может

быть отгружено с завода-изготовителя только при наличии письменного разрешения Покупателя.

9.6. В случае если в процессе испытания, проведённого с участием инспекторов Покупателя или без их участия, будет установлено, что оборудование имеет дефекты или не соответствует условиям контракта, Продавец обязан без промедления устранить обнаруженные дефекты, причём в этом случае срок поставки, установленный контрактом, не подлежит продлению.

По устранению дефектов оборудование подвергается повторному испытанию. Однако, если при повторении испытания будет установлено, что дефекты не устранены, или будут обнаружены новые дефекты, Покупатель устанавливает Продавцу последний срок для устранения дефектов и проведения окончательных приёмочных испытаний без промедления установленного контрактом срока поставки. В случае, если по истечении и этого срока дефекты не будут устранены, Покупатель имеет право отказаться от дефектного оборудования и потребовать заменить его доброкачественным или аннулировать контракт на дефектное оборудование. В случае аннуляции контракта права и обязанности сторон будут регулироваться параграфом 15 "Санкции" настоящего контракта.

9.7. При поставках комплектных агрегатов или крупных установок по частям или узлам в случае, если дефекты в ещё не поставленных узлах или частях не будут устранены, Покупатель имеет право аннулировать контракт полностью на такой агрегат или установку, включая уже поставленные узлы или части.

При аннуляции контракта права и обязанности сторон также регулируются параграфом 15 "Санкции" настоящего контракта.

9.8. Подтверждение Покупателем чертежей, спецификаций, участие его представителей в инспектировании оборудования, а также выдача Покупателем или его представителем разрешения на отгрузку оборудования в СССР не освобождает Продавца от ответственности по гарантиям, предусмотренным параграфом 14 "Гарантии" настоящего контракта.

Окончательное испытание и приёмка оборудования производится в СССР после пуска его в эксплуа-

135

*тацию и достижения предусмотренных в контракте
расходных, количественных и качественных показателей.*

§10. *Чертежи и техническая документация*

Продавец обязуется выслать в адрес Покупателя
заказной авиа-почтой комплектную техническую документацию в объёме и по срокам согласно Приложению № 2.

§11. *Экспортная лицензия*

11.1. *Продавец берёт на себя заботы и расходы, связанные с получением экспортной лицензии у соответствующих властей на вывоз в СССР оборудования (передачу технической документации) в объёме, предусмотренном настоящим контрактом. Копии экспортных лицинзий должны быть переданы Покупателю до
подписания контракта.*

11.2. *Если лицензии до окончания исполнения контракта
будут отозваны или не будут продлены соответствующими властями, Покупатель вправе аннулировать
контракт полностью или частично и потребовать
возмещения ущерба и возврата произведённых пла-
тежей.*

11.3. *В этом случае Продавец также уплачивает штраф в
размере, указанном в §15 настоящего контракта.*

§12. *Опцион*

*Продавец гарантирует поставку запасных частей к
оборудованию, закупаемому по настоящему контракту в течение 5 лет, начиная с 1976 г.*

В течение этого периода цены на поставляемые запчасти будут определяться ценами, указанными в
Приложении № 1, с корректировкой этих цен на снижение или рост в соответствии с индексами изменения цен, публикуемых Департаментом труда США в
издании "Оптовые цены и индекс цен," при этом ба-
зовым месяцем для расчёта корректировки цен принимается июль 1974 г.

§13. Страхование

Продавец страхует груз от своего завода до борта
судна. Покупатель страхует груз от борта судна

до завода заказчика.

§14. Гарантии

Продавец гарантирует:

14.1. что поставляемое оборудование соответствует навысшим достижениям мировой науки и техники, которые существуют на данный вид оборудования на момент исполнения контракта **в стране продавца,**

14.2. высокое качество материалов, применяемых для изготовления оборудования, безупречную обработку и высокое качество технического исполнения и монтажа, обеспечивающие обычную для поставляемого вида оборудования долговечность,

14.3. поставляемое оборудование изготовлено в полном соответствии с описанием, техническими условиями, спецификацией и условиями контракта, испытано, обеспечивает предусмотренную производительность и качество выпускаемой продукции,

14.4. доброкачественность, полноту и комплектность технической документации и чертежей, предусмотренных настоящим контрактом.

14.5. Срок гарантии нормальной и бесперебойной работы оборудования устанавливается в **12 месяцев с** даты пуска его в эксплуатацию, **но не более 18 месяцев с даты отгрузки.** Эти сроки соответственно продлеваются, если имела место задержка в пуске оборудования в эксплуатацию или эксплуатация была приостановлена не по вине Покупателя. Указанный срок гарантии не распространяется на быстроизнашивающиеся части.

14.6. Датой пуска оборудования в эксплуатацию считается дата подписания "Протокола о проведении окончательных испытаний и сдача оборудования в эксплуатацию."

14.7. Если в период пуска и/или окончательных испытаний и/или в течение сроков гарантии выявятся недостатки, неполнота и/или некомплектность оборудования и/или технической документации полностью или частично, то независимо от того, могло ли это быть установлено при испытании на заводах Продавца или субпоставщиков, Продавец обязуется незамедлительно за свой счёт устранить все обнаруженные дефекты путём исправления либо

137

замены дефектного оборудования или его частей
новым доброкачественным оборудованием.

В этом случае Покупатель вправе потребовать от
Продавца уплаты штрафа, как за просрочку в поставке, установленного в §15 контракта, считая
с даты появления претензии по день устранения
дефекта или по дату поставки нового оборудования взамен забракованного.

14.8. Заменённая дефектная техническая документация,
оборудование и/или части возвращаются Продавцу
по его требованию и за его счёт в срок, согласованный сторонами. Все транспортные и другие
расходы, связанные с возвратом или заменой дефектных предметов, как на территории страны Покупателя и страны транзита, так и на территории
Продавца, несёт Продавец.

Указанный выше срок гарантии в отношении нового
оборудования, машин, аппаратов или частей, поставленных взамен дефектных, начинается снова с
момента ввода их в эксплатацию.

14.9. Если Продавец по требованию Покупателя без промедления не устранит заявленных дефектов, то Покупатель вправе устранить их сам за счёт Продавца без ущерба для своих прав по гарантии, причём Продавец обязан оплатить ремонт в сумме фактических расходов, но в пределах нормального для
данного рода операций. Мелкие недостатки, не
терпящие отсрочки и не требующие участия Продавца в их устранении исправляются Покупателем
с отнесением на Продавца фактических расходов.

14.10. Если обе стороны признают обнаруженные дефекты
неустранимыми или на их устранение требуется
более четырёх месяцев, то Покупатель вправе:

Отказаться от контракта и возвратить Продавцу
оборудование. В этом случае Продавец возвращает Покупателю все произведённые платежи и о-
борудование возвращается Продавцу за счёт по-
следнего в согласованные сроки.

Произвести соразмерную уценку оборудования.

Доверить Продавцу произвести в согласованный
срок устранение дефектов силами Продавца и за
его счёт на заводе Покупателя.

14.11. Во всех этих случаях Покупатель имеет право взыскать с Продавца штраф, как за задержку в поставке оборудования.

14.12. Продавец гарантирует и заявляет, что он ни прямо, ни косвенно не будет получать каких-либо коммисионных вознаграждений от субпоставщиков оборудования.

14.13. *Продавец гарантирует Покупателю, что Продавец обладает в необходимом объёме правами на все соответствующие патенты и изобретения на поставляемое оборудование и, что оборудование, поставленное по настоящему контракту, может быть использовано Покупателем без каких-либо претензий со стороны третьих лиц и без нарушения каким-либо образом их прав.*

В случае, если Покупателю или его клиентам в СССР со стороны третьих лиц будут предъявлены какие-либо претензии, связанные с нарушением их патентных прав, Продавец обязуется возместить Покупателю в таком случае все расходы и убытки, причинённые ему или его клиентам в СССР, связанные с нарушением этих прав.

Покупатель по получении каких-либо претензий со стороны третьих лиц, адресованных ему или его клиентам и основанных на таком нарушении немедленно извещает об этом Продавца, и Продавец должен за свой счёт и на свой риск принять меры к урегулированию заявленных претензий третьих лиц.

§15.   Санкции

15.1. *В случае опоздания в поставке оборудования, запасных частей к нему и технической документации против сроков, установленных в §3 контракта, Продавец уплачивает Покупателю штраф в размере 0,5% стоимости каждой комплектной машины, или установки, в отношении которой имело место опоздание в поставке, за каждую календарную неделю опоздания в течение первых четырёх недель опоздания и 1%(один)стоимости за каждую последующую календарную неделю опоздания.*

Однако сумма штрафа за опоздание поставки не может превышать 6% стоимости каждой комплектной машины или установки, в отношении которой имело место опоздание в поставке.

139

15.2. Размер штрафа не подлежит изменению в арбитражном порядке. При исчислении штрафа за опоздание количество дней, составляющих меньше половины календарной недели, в расчёт не принимается. Количество дней, составляющих более половины календарной недели, считается как полная неделя. Штраф удерживается Покупателем при оплате счётов Продавца.

В случае, если по каким-либо причинам Покупателю не представится возможность удержать причитающуюся с Продавца сумму штрафа, Продавец обязуется уплатить штраф по первому требованию Покупателя. Опоздание в представлении технической документации, поставка некомплектной и/или неполноценной технической документации рассматривается как опоздание в поставке оборудования, к которому относится техническая документация.

15.3. В случае, если опоздание в поставке оборудования или технической документации к этому оборудованию превысит 6 месяцев против установленного в контракте срока, Покупатель имеет право аннулировать контракт полностью или частично. В этом случае Продавец обязан уплатить Покупателю штраф в размере 6% и возвратить произведённые Покупателем платежи.

§16. Форс-мажор

16.1. Стороны освобождаются от ответственности за частичное или полное неисполнение обязательств по настоящему контракту, если оно явилось следствием непреодолимой силы, а именно: пожара, наводнения, землетресения, и если эти обстоятельства непосредственно повлияли на исполнение настоящего контракта.

При этом срок исполнения обязательств по контракту отодвигается соразмерно времени, в течение которого действовали такие обстоятельства.

16.2. Сторона, для которой создалась невозможность исполнения обязательств по контракту, обязана о наступлении и прекращении вышеуказанных обстоятельств немедленно, однако не позднее 10 дней с момента их наступления, в письменной форме известить другую сторону. Несвоевременное, сверх 15 дней, извещение об обстоятельствах непреодолимой силы лишает соответствующую сторону права ссылаться на них в будущем.

16.3. Надлежащим доказательством наличия указанных выше обстоятельств и их продолжительности будут служить свидетельства соответствующих торговых палат.

16.4. Если эти обстоятельства будут длиться более 6 месяцев, то каждая из сторон будет вправе аннулировать контракт полностью или частично, и в этом случае ни одна из сторон не будет иметь права потребовать от другой стороны возмещения возможных убытков.

Продавец обязуется при этом немедленно возвратить Покупателю все суммы, уплаченные последним по настоящему контракту.

§17.   Арбитраж

17.1. Все споры и разногласия, которые могут возникнуть из настоящего контракта или в связи с ним, будут по возможности разрушаться путём переговоров между сторонами.   В случае, если стороны не придут к соглашению, то дело подлежит с исключением подсудности общим судам, передаче на решение арбитража, который должен иметь место в Стокгольме (Швеция).

17.2. Арбитраж должен быть создан следующим образом:

Сторона, желающая передать спор в арбитраж, должна оповестить об этом другую сторону заказным письмом, указав в нём фамилию и место-пребывание избранного ею арбитра, который может быть гражданином любой страны, а также предмет спора, дату и номер контракта.

Другая сторона в течение 30 дней по получении такого письма должна избрать второго арбитра и уведомить об этом первую сторону заказным письмом, указав в нём фамилию и место-пребывание избранного ею арбитра.

17.3. Если сторона, вызванная в арбитраж, не изберёт в указанный срок второго арбитра, то последний назначается Председателем Торговой Палаты г. Стокгольма, причём такое назначение должно последовать в течение 30 дней по поступлении в Палату заявления заинтересованной стороны.

17.4. Оба арбитра в течение 30 дней после избрания должны избрать суперарбитра. Если арбитры не достигнут соглашения в отношении кандидатуры суперарбитра, то последний назначается Председателем Торговой Палаты г. Стокгольма, причем такое назначение должно последовать в течение 30 дней по поступлении в Палату соответствующего заявления от любой из сторон.

17.5. Арбитраж выносит решение большинством голосов на основании условий настоящего контракта, а также норм шведского материального права.

17.6. Решение арбитража должно быть мотивированным и содержать в себе указание о составе арбитража, времени и месте вынесения, упоминание о предоставленной сторонам возможности высказаться и указание о распределении между сторонами расходов по производству дела в арбитраже.

Решение арбитража должно быть вынесено в течение 3 месяцев от даты избрания или назначения суперарбитра.

Решение арбитража будет являться окончательным и обязательным для обеих сторон.

В случае неисполнения Продавцом обязательств, в том числе и тогда, когда Покупатель вследствие неисполнения Продавцом своих обязательств отказывается от контракта, Продавец обязан возместить Покупателю понесённые им прямые убытки. Уплата Продавцом штрафа, а также возмещение убытков не освобождает Продавца от выполнения контракта.

§18. Язык, система мер

Переписка, связанная с выполнением настоящего контракта, будет вестись на русском языке с неофициальным английским переводом со стороны Покупателя, а от стороны Продавца--на английском языке и сопровождаться неофициальным русским переводом.

Все текстовые материалы(инструкции, описания и т.п.), а также надписи на чертежах должны быть выполнены на русском и английском языках.

В чертежах и технической документации используется метрическая система мер и система "СИ". Пе-

142

ревод с американских мер на указанные выше системы будет произведён Продавцом непосредственно на чертежах и текстах.

Надписи и шкалы на пультах и приборах должны быть выполнены на русском языке, в метрической системе мер и системе "СИ". Допускается наличие дублирующих надписей и шкал, принятые в стране Продавца.

§19.   Общие условия

19.1. Все сборы, налоги и таможенные расходы на территории страны Покупателя оплачиваются Покупателем.   На всех других территориях--Продавцом.

19.2. Если в случае аннуляции контракта стороны договорятся о возврате Продавцу забракованного оборудования, все расходы по хранению и транспортировке оборудования оплачивает Продавец.

19.3. С момента подписания настоящего контракта все предыдущие переговоры и переписка по нему теряют силу.

19.4. Продавец не вправе передавать третьим лицам права и обязательства по контракту без письменного согласия Покупателя.

Все преложения и дополнения к настоящему контракту являются его неотъемлемой частью.

19.5. Всякие изменения и дополнения к настоящему контракту действительны лишь при условии, если они совершены в письменной форме и подписаны обеими сторонами.

19.6. Настоящий контракт составлен в 2-х экземплярах на русском и английском языках, причём оба текста имеют одинаковую силу.

19.7. Настоящий контракт вместе с приложениями содержит_____стр. и _____схемы.

§20.   Юридические адреса сторон

Продавец: Фирма: Inteco Corporation
                                      9169 Dry Fork Road
                                      Harrison, Ohio 45030

Покупатель: Всесоюзное объединение
                     "Металлургимпорт"
                     Москва, 117393
                     Ул. Архитектора Власова, 33
                     Тел. 128-07-73

Продавец: _____

Покупатель:_____

Приложение № 3*

к Контракту №19-03/53332-422
июня 1975

ГАРАНТИЙНОЕ ПИСЬМО

Мы, Банк_____
учли Контракт №19-03/53332-422 заключённый между В/О
"Металлургимпорт"(СССР) и фирмой "Inteco Corporation"
(USA).

В соответствии с параграфом 4, пунктом 4.4. вышеуказанного контракта фирма "Inteco Corporation" (USA)
обязывается оплатить В/О "Металлургимпорт" сумму до
5% стоимости контракта в пределах до_____ам. долларов (гарантийную сумму и/или сумму возможной претензии Покупателя по оплате штрафа, как оговорено в пун-
кте 15 контракта).

Учитывая вышеуказанное мы, Банк_____
_____ гарантируем без права
отмены перевести на счёт В/О "Металлургимпорт" во Внешторгбанк СССР по вашей первой письменной просьбе лю-
бую сумму в пределах_____ам. долларов по представлении Протокола, подписанного представителями Покупателей и Продавцов или Сертификата Торгово-Промыш-
ленной палаты СССР и/или подсчёта штрафов, сделанно-
го Покупателем.

Настоящее Гарантийное письмо вступает в силу с даты
его подписания и действительно до 30 июля 1977 года.

По истечении вышеуказанного периода Гарантийное письмо становится недействительным и должно быть возвра-
щено нам.

Продавец: _____

Покупатель: _____

_____
     *Приложение № 1 and № 2 were omitted to preserve
the confidentiality of the business transactions.

Страница № 121

предлага́емый	intended
терпели́вый	patient
обсужде́ние	consideration, discussion
срок	term, date
упако́вка	packing
перево́зка	transport
уве́ренно	with assurance
хотя́	although
нельзя́	it is impossible
суще́ственный	substantive
безрезульта́тный	fruitless
напра́сный	wasted, vain
пра́во	law
предусма́тривать	to stipulate
ряд	series
поско́льку	in as much
прове́рить	to certify, check
журна́л	journal
уполномо́чен	authorized
действи́тельный	valid
изло́жен	set out
пи́сьменный	written
одина́ковый	identical
затрудне́ние	difficulty
свя́занный	connected
тща́тельно	thoroughly
расхожде́ние	discrepancy
статья́	clause
дости́чь	to achieve
взаи́мный	mutual
относи́тельно	as regards
общепри́нят	generally accepted

общепри́нят	generally accepted
ФОБ (фра́нко борт су́дна)	f.o.b. (free on board)
ФАС (фра́нко вдоль бо́рта су́дна)	f.a.s. (free alongside ship)
СИФ (сто́имость, страхо́вание, фрахт)	c.i.f. (cost, insurance, and freight)
СиФ (сто́имость и фрахт)	c. and f. (cost and freight)
расхо́д	expenditure
понести́	to bear
вполне́	completely
установле́ние	establishment
так как	since
перево́зка	transportation
дорого́й	expensive
неожи́данный	unexpected
изде́ржки	expenses
преврати́ть	to turn (into)
при́быльный	profitable
убы́точный	unprofitable
обяза́тельный	binding, obligatory
возража́ть	to object
про́тив	against
жела́ть	to wish, want
вста́вить	to insert
измене́ние	change
внесён	made, entered
скреплён	affixed
пусто́й	blank, empty
внесе́ние	insertion
исправле́ние	amendment
свобо́дный	free, empty
оставля́ться	to remain
за́пись	writing down, notation
обслу́живание	service, maintenance

инспекти́рование	inspection
упако́вочный	packing
испыта́ние	testing
устано́вка	installation
достиже́ние	achieving
договорённость	agreement
ста́вить	to put, place
инициа́лы	initials
то́чный	precise
слу́чай	case, instance
невыполне́ние	non-fulfillment
облегчи́ть	to facilitate
реше́ние	resolution
спо́рный	desputed
свести́	to reduce
ми́нимум	minimum
суде́бный иск	litigation, legal action, suit
характери́зующий	characterizing
гара́нитя	guarantee
са́нкция	sanction
форс-мажо́р	force majure
арбитра́ж	arbitrage
образе́ц	example, model, sample

Страница № 123

транс	transmittal
имену́емый	named
дальне́йший	herein after
настоя́щий	present
нижесле́дующий	following

§1.

предме́т	subject
гидравли́ческий	hydraulic
пневмати́ческий	pneumatic

испытáтельный стенд	test bench
включáя	including
комплéкт	set
запчáсти	spare parts
соотвéтствие	conformity
технúческий	technical
характерúстика	characteristic
комплектáция	complete scope of supply
соглáсно	specified (in agreement with)
приложéние	appendix

§2.1.

понимáться	to be understood
морскóй	overseas (seaworthy)
маркирóвка	marking
погрýзка	loading
уклáдка	stowing
укреплéние	fastening
трюм	hold
лихтирóвка	lighterage (transfer from wharf to ship not tied to dock)
штúвка	storing, efficient use of space
перемещéние	placing
причáл	moorage
стивидóрный	stevedore
дóковый	dock
портóвый	port
крáновый	crane
сбор	collection, fee
тамóженный	customs
пóшлина	duty, tax
вознúкнуть	to arise
территóрия	territory
странá	country

отгру́жка	shipment
исполне́ние	execution, discharge
пра́во со́бственности	title, right of ownership
риск	risk
случа́йный	accidental
утра́та	loss
поврежде́ние	damage
переходи́ть	to pass
перехо́д	passing, placing
погру́зка	loading
составля́ть	to comprise

§2.2.

пози́ция	item
устана́вливаться	to be fixed, established

§2.3.

твёрдый	firm, hard
измене́ние	change
подлежа́ть	to be subject

§3.1.

ука́зан	stipulated

§3.2.

поставля́ться	to be delivered
компле́ктно	completely

§3.3.

некомпле́ктный	incomplete
разреша́ться	to be permitted

§3.4.

изгото́влен	manufactured
испы́тан	tested
упако́ван	packed
поста́влен	delivered

§3.5.

да́та	date
счита́ться	to be considered

150

Russian	English
чи́стый бортово́й коноса́мент	"clean-on-board" bill of lading
вы́писан	issued
на и́мя	in the name
§4.	
о́браз	manner
§4.1.	
составля́ющий	constituting
произведён	made
в тече́ние	during
на инка́ссо	for payment
§4.1.1.	
оригина́л	original
ко́пия	copy
счёт	statement, bill
ава́нсовый	advance
§4.1.2.	
первокла́ссный	first-class
фо́рма	form
согласо́ванный	agreed upon
§4.1.3.	
фотоко́пия	photocopy
де́йствующий	valid
тре́боваться	to be required
3-х(трёх)	three
экз.(экземпля́р)	copy
в разме́ре	in the amount
фина́нсовый	financial
о́бщий	total
производи́ться	to be made
Национа́льная Ассоциа́ция	National Association (national vs. state)
§4.2.	
документа́ция	documentation
напра́вленный	sent

§4.2.2.

авианакладна́я	Airway Bill
отпра́вка	forwarding
а́дрес	address
техдокумента́ция	technical documentation
подтвержда́ющий	confirming
переда́ча	transmission, submission

§4.2.3.

пе́речень	list
отпра́вленный	sent
пе́реданный	transmitted, submitted

§4.2.4.

акт	report
приём	acceptance

§4.3.1.

специфици́рованный	itemized
вы́чет	deduction
за вы́четом	less

§4.3.2.

сертифика́т	certificate
соста́вленный	executed
удостоверя́ющий	certifying
происхожде́ние	origin

§4.3.3.

по́лный	full
назначе́ние	stipulation
назначе́нием сове́тский порт	destination: Soviet Port

§4.3.4.

гаранти́йное письмо́	Letter of Guarantee
компле́ктность	completeness

§4.3.5.

лист	sheet, slip

§4.3.6.

разреше́ние	permission

инспе́ктор	inspector
уча́стие	participation
§4.3.7.	
протоко́л	report
заво́дский	factory
§4.4.	
оконча́тельный	final
дости́чь	to achieve
коли́чественный	quantitative
ка́чественный	qualitative
оговорённый	stipulated
что бу́дет подтверждено́	as confirmed
эксперти́за	commission of experts
нейтра́льный	neutral
компете́нтный	competent
Торго́во-промы́шленная пала́та СССР	USSR Chamber of Commerce
верну́ть	to return
превыша́ть	to exceed
лиша́ть	to deprive
предъявля́ть	to present
прете́нзия	claim
вытека́ющий	arising
возмеще́ние	payment
обраща́ться	to apply, appeal, resort
арбитра́ж	arbitration
§4.5.	
удержа́ние	deduction
штраф	penalty
заде́ржка	delay
огово́рка	clause
инка́ссовое поруче́ние	remittance letter (request)
§4.6.	
подлежа́ть опла́те	to be subject to payment

расхо́ды на инка́ссо	collection expenses
за счёт	at the expense
§5.1.	
отгружа́ться	to be shipped
я́щик	case, box
§5.2.	
вполне́	completely, fully
доброка́чественный	high-quality
сухо́й	dry, cured
лесоматериа́л	lumber
тре́щина	crack
выпада́ющий	falling out
сучо́к	knot
дефе́кт	defect
уменша́ющий	reducing
про́чность	durability
надёжность	reliability
до́ски обши́вки я́щиков	case planking
собира́ться	to be assembled
в шпунт	tongue-in-groove
щель	crack
§5.3.	
оби́вка	upholstering, covering
стена́	wall
вну́тренный	interior
применя́ться	to be utilized
водонепроница́емый	water-proof
§5.4.	
откры́тый	open, exposed
обрабо́танный	processed
пове́рхность	surface
дета́ль	part, component
тща́тельно	carefully, diligently
покры́т	covered

антикоррозийный	anti-corrosive
средство	treatment, process

§5.5.

консервация	protective measures
сохранность	preservation
всякий	any
род	kind
коррозия	corrosion
сухопутный	land
водный	sea, water
с учётом	taking into account
перегрузка	transfer
в пути	in transit
хранение	storage
жаркий	hot
лето	summer
холодный	cold
зима	winter

§5.6.

место	piece (package)
весом	weighing
салазки	runners
деревянный	wooden
брусья	squared timber
приспособленный	suitable, fit
строповка	slinging, hoisting

§5.7.

ручной	hand
тележка	truck, cart
автокар	autocar, fork-lift
допускаться	to be allowed
вес	weight
объём	bulk, volume
отдельный	individual

§5.8.

обя́зываться	to be obligated
разме́р	dimension
нижеука́занный	indicated below
габари́т	dimension, size
допусти́мый	allowed
желе́зная дорóга	railway
длина́	length
ширина́	width
высота́	height
предвари́тельный	preliminary

§5.9.

скóшенный	cut away
ве́рхний	upper
ýгол	corner
скос	cut
впи́сываться	to fit into
габари́тный	dimensional

§5.10.

эски́з	sketch
предста́вить	to submit
координа́та	coordinate
расположе́ние	position
тя́жесть	gravity
крепле́ние	fastening
подвижнóй состáв	rolling stock

§5.11.

подтверди́ть	to approve
провóз	transportation
негабари́тный	oversized
тяжелове́сный	overweight
соблюсти́	to comply with, observe

§5.12.

прикла́дывать	to attach

коносамéнт	Bill of Lading
железнодорóжная накладнáя	Railway Bill

§5.13.

в отдéльности	individually
наименовáние	name
модéль	model
заводскóй нóмер	serial number
вес нéтто	net weight
вес брýтто	gross weight
конвéрт	envelope
прикреплáться	to be fastened
нарýжный	outside
тóнкий	thin
металлúческий	metalic
пластúнка	plate
прибивáемый	nailed
привáриваемый	welded
тóчечная свáрка	spot weld
отгружáемый	being shipped

§5.15.

возместúть	to reimburse
убы́ток	loss
пóрча	spoilage
полóмка	breakage
вслéдствие	resulting
ненадлежáщий	inadequate
некáчественный	inferior

§6.1.

маркирóвка	marking
наносúться	to mark
противополóжный	opposite
боковóй	lateral
торцóвый	face, ie. top and bottom

§6.2.

нанесён	marked
чётко	clearly
несмыва́емый	indelible
кра́ска	paint
содержа́ть	to contain
обраще́ние	attention, handling
дополни́тельный	additional
верх	top
осторо́жно	careful
код	code

§6.3.

длиноме́рный	overlength
я́щичный	box
нахожде́ние	location
центр тя́жести	center of gravity
знак	sign
бу́ква	letter
пове́рхность	surface
захва́т	grappling
погру́зочно-разгру́зочный механи́зм	loading device

§6.4.

нумерова́ться	to be numbered
дро́бное число́	fraction
числи́тель	numerator
обознача́ть	to signify
поря́дковый	ordinal
знамена́тель	denominator
о́бщее число́	total number
ме́сто	piece, package
помещён	placed
обознача́ться	to be designated
полоса́	stripe
горизонта́льно	horizontally

§6.6.

непра́вильный	incorrect
непо́лный	incomplete
§7.	
экспеди́торский	forwarding
погру́зка	loading
обрабо́тка	handling
аге́нт	agent
§7.2.	
упомя́нутый	stipulated
Монреа́ль	Montreal
§7.3.	
лине́йный	linear
тари́ф	tarrif
§7.5.	
вышеприведённый	above-mentioned
очередно́й	next, routine
§8.	
инстру́кции	instructions
извеще́ние	notification
телета́йп	teletype
сообще́ние	information, communication
заку́почный	purchasing
коми́ссия	commission
да́нные	data
отправи́тель	shipper
получа́тель	consignee
назва́ние	name
куб. (куби́ческий)	cubic
высыла́ться	to be sent
причи́на	reason
зави́ся́щий	depending
наме́ченный	appointed
истече́ние	expiration
освобожда́ть	to free

§8.3.

отплы́тие	sailing
назначе́ние	destination
число́	quantity
подтвержде́ние	confirmation

§8.4.

капита́нский	captain's
манифе́ст	manifest
нали́чие	presence
незави́симо	independently

§8.5.

доста́вить	to deliver to
предупреди́ть	to notify in advance
мёртвый	dead
просто́й су́дна	demurrage

§8.6.

неизвеще́ние	non-notification
несвоевре́менный	late
приня́ть	to accept
верну́ть	to return
произведённый	effected
распоряди́ться	to dispose of, deal with
со́бственный	one's own
направле́нием	with a destination

§9.

инспекти́рование	inspection
рабо́чий	work
субпоста́вщик	subcontractor
прове́рка	check, verification
ход и ка́чество изготов- ле́ния	manufacturing process
применя́емый	utilized
компле́ктный у́зел	assembled parts
станда́рт	standard
чертёж	sketch

аппара́т	apparatus, device
проводи́мый	carried out
в том числе́	including
внутригородско́й	local
§9.2.	
програ́мма	schedule
удо́бный	convenient, comfortable
помеще́ние	place, premises
агрега́т	unit, assembly
ока́зывать	to render
соде́йствие	assistance, cooperation
форма́льность	formality
перемеще́ния	travels
§9.3.	
при́нят	accepted
контро́льный персона́л	quality control personnel
§9.4.	
по́слан	sent
§9.5.	
кратча́йший	shortest possible
соста́вить	to draw up
подро́бный	detailed
изложе́ние	presentation
указа́в	pointing out
заключе́ние	conclusion
остально́й	remaining
проше́дший	having passed
§9.6.	
устано́влен	established
дефе́кт	defect
промедле́ние	delay
устрани́ть	to eliminate
обнару́женный	detected
продле́ние	extension

устране́ние	elimination
подверга́ться	to be subjected to
повто́рный	repeat
повторе́ние	repetition
приёмочный	acceptance
отказа́ться	to reject, refuse
замени́ть	to exchange
аннули́ровать	to annul
аннуля́ция	annulment
регули́роваться	to be regulated
са́нкция	sanction
§9.8.	
отве́тственность	responsibility
пуск в эксплуата́цию	start-up
достиже́ние	achieving
расхо́дный	consumption(in this case of raw materials)
показа́тель	parameter, index
§11.1.	
забо́та	care, concern
власть	government
§11.2.	
ото́зван	revoked
продлён	extended
впра́ве	to have right
уще́рб	loss, damage
возвра́т	return
§12.	
опцио́н	option
корректиро́вка	correction
сниже́ние	lowering
рост	increase
и́ндекс измене́ния цен	price level
публику́емый	published
департа́мент	department

162

труд	labor
"Оптóвые цéны и индекс цен"	"Wholesale Prices and Price Index"
бáзовый	base
§13.	
страховáть	to insure
§14.2.	
безупрéчный	first-rate
обрабóтка	finishing
исполнéние	workmanship
монтáж	assembly
обеспéчивающий	ensuring
долговéчность	durability
§14.3.	
производúтельность	capacity, productivity
выпускáемый	manufactured, produced
§14.4.	
полнотá	completeness
комплéктность	completeness
§14.5.	
бесперебóйный	uninterrupted
рабóта	operation
продлевáться	to be extended
имéть мéсто	to occur
приостанóвлен	stopped
винá	fault
распространяáться	to be extended to
бы́стро-изнáшивающийся	short-lived
§14.6.	
сдáча	release, putting
§14.7.	
недостáток	deficiency
независúмо	irrespective
незамедлúтельно	immediately
замéна	exchange

просро́чка	delay
счита́я	beginning
появле́ние	submission
прете́нзия	claim
забрако́ванный	rejected
§14.8.	
заменённый	replaced
тра́нзит	transit
ввод в эксплуата́цию	putting into operation
§14.9.	
промедле́ние	delay
ремо́нт	repair
факти́ческий	actual
ме́лкий	minor
нетерпя́щий отсро́чки	urgent
исправля́ться	to correct, repair
отнесе́ние	charging
§14.10.	
призна́ть	to admit
неустрани́мый	irreparable
соразме́рный	proportionate
уце́нка	price reduction
дове́рить	to trust
си́лы	staff, specialists
§14.11.	
взы́скать	to exact, demand
§14.12.	
заявля́ть	to state, affirm
пря́мо	directly
ко́свенно	indirectly
комиссио́нный	commission
вознагражде́ние	reward
§14.13.	
облада́ть	to possess

164

в необходимом объёме	all necessary
патéнт	patent
изобретéние	invention
нарушéние	infringement
предъя́влен	made, submitted
причинённый	incurred
адресóванный	addressed
извещáть	to notify
риск	risk
приня́ть мéры	to take steps, measures
урегулúрование	settling
§15.1.	
опоздáние	delay
календáрный	calendar
§15.2.	
в арбитрáжном поря́дке	by means of arbitration
исчислéние	calculation
удéрживаться	to withhold
представиться	to arise, occur
причитáющийся	due, owed
неполноцéнный	inferior
рассмáтриваться	to be considered
§16.1.	
яви́ться	to be
слéдствие	result
непреодоли́мый	insurmountable
непреодоли́мые си́лы	force majeure
пожáр	fire
наводнéние	flood
землетрясéние	earthquake
повлия́ть	to influence
отодви́гаться	to be extended
соразмéрно	commensurately
§16.2.	

наступле́ние	beginning
прекраще́ние	cessation
извести́ть	to notify
сверх	above, more than
извеще́ние	notification
лиша́ть	to deprive
ссыла́ться	to plead, allege
§16.3.	
надлежа́щий	sufficient
доказа́тельство	proof
свиде́тельство	testimony, certification
§17.1.	
спор	argument
разногла́сие	disagreement
исключе́ние	exception
подсу́дность	jurisdiction
о́бщий суд	court of law
переда́ча	submission
§17.2.	
со́здан	composed
оповести́ть	to notify
заказно́й	registered
ме́сто-пребыва́ние	place of residence
и́збранный	selected, chosen
арби́тр	arbitrator
уве́домить	to inform
§17.3.	
избра́ть	to select
назнача́ться	to be designated
§17.4.	
суперарби́тр	chief arbitrator, umpire
кандидату́ра	nomination
выноси́ть реше́ние	to decide, reach decision
большинство́	majority

материа́льное пра́во	substantive law
§17.6.	
мотиви́рованный	justified
содержа́ть	to contain
указа́ние	information
упомина́ние	mention
вы́сказаться	to state one's case
распределе́ние	allocation
расхо́ды по произво́дству де́ла в арбитра́же	arbitration expenses
обяза́тельный	binding
понесённый	suffered
прямо́й убы́ток	direct loss
§18.	
ме́ра	measure
перепи́ска	correspondence
сопровожда́ться	to accompany
текстово́й	textual
на́дпись	inscription
испо́льзоваться	to be used
"СИ"	"SI"
шка́ла	scale
пульт	control panel
прибо́р	instrument
дубли́рующий	double
§19.2.	
договори́ться	to agree
§19.3.	
предыду́щий	previous
теря́ть си́лу	become invalid
§19.4.	
неотъе́млемый	integral
§20.	
действи́телен	valid
юриди́ческий а́дрес	legal address

учёсть	to take into account
в пределах до	within the limits of
отмена	abrogation
подсчёт	estimate
недействителен	invalid

Напишите ответы на следующие вопросы и приготовьтесь
к устному ответу:

1. Что является целью переговоров?

2. Когда можно гарантировать удачные результаты
   переговоров?

3. Какие условия должны быть выполнены перед тем
   как контракт войдёт в силу?

4. На каком языке должен быть написан стандартный контракт?

5. Какой язык считается законным языком, когда
   контракт написан на русском и английском языках?

6. Какие условия поставки предъявляются в контрактах советских В/О?

7. Что значит ф.о.б., ф.а.с., с.и.ф., и с.и ф.?

8. Почему условия поставки так важны в советско-
   американской торговле?

9. Можно ли внести изменения в стандартный контракт? Каким образом?

10. Для чего существуют свободные места в стандартном контракте?

11. Чего ожидает советская сторона относительно условий контракта?

12. Чьему закону подчиняется американская сторона в случаях невыполнения обязательств по контракту?

13. Какие условия необходимо внести в стандартный контракт, чтобы облегчить решение спорных вопросов?

УПРАЖНЕНИЕ № 10

Напишите ответы на следующие вопросы о стандартном контракте и приготовьтесь к устному ответу:

1. Какие номера надо обязательно написать в начале контракта?

2. Между какими сторонами заключён данный контракт и как они обычно именуются?

§1 3. На каких условиях будет поставляться оборудование?

§2 4. Какие расходы поносит Продавец?

5. Когда право собственности на товар переходит с Продавца на Покупателя?

6. В какой валюте и как указаны цены в Приложении № 1?

7. Подлежат ли цены изменению?

§3 8. Где указаны сроки поставки?

9. Какая отгрузка не разрешается?

10. Что должно быть сделано к срокам поставки?

11. Что считается датой поставки?

§4 12. Через какой банк будут осуществляться платежи за оборудование?

13. Какой платёж должен быть произведён Покупателем в течение 60 дней с даты подписания контракта?

14. Кто должен получить в Москве документы на инкассо?

15. Где Продавец должен указать суммы авансового платежа?

16. Когда Продавец должен послать банковскую гарантию?

17. Что касается экспортной лицензии, что должен получить Внешторгбанк, чтобы произвести первый платёж составляющий 10% общей суммы контракта?

18. В соответствии с какими условиями будет производиться платёж в размере 85% от общей стоимости оборудования?

19. Когда будет производиться платёж за оборудование и запчасти?

20. Что должен указать Продавец в своём специфицированном счёте?

21. Где удостоверяется американское происхождение позиций?

22. Что включено в "чистых бортовых" коноса-
ментах?

23. Сколько требуется экземпляров специфицированных упаковочных листов?

24. Кто даёт разрешение на отгрузку?

25. За какие поставки будет осуществлён пла-
теж?

26. Что обязуется сделать Продавец в случае,
если оборудование не достигнет количественных и качественных характеристик, оговорённых в контракте?

27. Какое право имеет Покупатель, если возникнет спор между Продавцом и Покупателем?

28. Какое право имеет Покупатель, если будет
задержка в поставке?

29. За чей счёт подлежат оплате расходы на инкассо?

§5   30.   В какой упаковке должно отгружаться оборудование?

31.   Из чего изготовлены ящики для упаковки?

32.   Какой материал применяется для обивки стенок ящиков?

33.   Каким образом должны быть защищены открытые обработанные поверхности деталей?

34.   При каких видах транспорта упаковка и консервация должны обеспечивать сохранность оборудования от повреждения при его перевозке?

35.   Какие дополнительные приспособления должно иметь место весом более 500 кг?

36.   К каким перегрузкам должна быть приспособлена упаковка?

37.   Каковы максимальные габариты мест и ящиков?

38.   Что должно быть указано на эскизах?

39. Что обязан сделать Продавец в случае, если Покупатель подтвердит к провозу по железным дорогам СССР негабаритные и/или тяжеловесные грузы?

40. Что указывается в упаковочном листе?

41. Каким образом должен быть прикреплён один экземпляр упаковочного листа к наружной стороне ящика?

42. Кто несёт ответственность за убытки, возникшие от порчи, повреждений или поломки груза вследствие его ненадлежащей упаковки?

43. Что обязан сделать Продавец в случае, если он отгрузит без разрешения Покупателя груз, с размерами превышающими принятые габариты?

§6 44. Где должна наноситься маркировка?

45. На каждом ли ящике должна быть нанесена маркировка?

46. Что должно быть указано на негабаритных местах?

47. Что обозначает число, которым нумеруются места каждого транса?

48. Опишите маркировку запчастей.

§7　49. Что входит в обязанности фирмы William H. Muller Shipping Corp.?

50. Кто должен платить за погрузку груза на судно?

51. Какое право будет иметь Покупатель в случае, если возмещение стоимости погрузочных работ не будет осуществлено к тому времени, когда Покупатель получит очередной счёт от Продавца?

§8　52. Что должен сообщить Продавец Покупателю не менее, чем за 50 дней до предлагаемой даты готовности оборудования к отгрузке с завода в порт погрузки?

53. Что должен сделать Покупатель по получению вышеуказанного извещения?

54. Как долго Продавец обязуется хранить за свой счёт оборудование в порту отправления в случае, если судно не прибудет к намеченному сроку не по вине Покупателя?

55. Что должен выслать Продавец Покупателю в течение 21 часа после погрузки оборудования?

56. Что будет в случае, если Продавец не сможет доставить оборудования в порт к указанному сроку?

57. В каком размере Продавец уплатит штраф за неизвещение о произведённой отгрузке оборудования?

58. Что обязан сделать Продавец, в случае невозможности отгрузки товара из порта по причинам, не зависящим от Покупателя?

§9 59. Какое право имеет Покупатель относительно инспектирования?

60. Где должно производиться испытание оборудования?

61. Каким образом Покупатель узнаёт о предлагаемом сроке начала испытания?

62. Что должно быть включено в протокол после проведения испытания оборудования?

63. Когда оборудование может быть отгружено с завода-изготовителя?

64. Что обязан сделать Продавец, если в процессе испытания оборудования будут обнаружены дефекты?

65. Что сделает Покупатель в случае, если при повторном испытании будет установлено, что дефекты не устранены?

66. Где и когда производится окончательное испытание и приёмка оборудования?

§10 67. Что входит в обязанности Продавца касательно технической документации и чертежей?

§11 68. Кто должен подать заявление и получить экспортную лицензию?

69. Какое право имеет Покупатель в случае, если лицензии будут отозваны до окончания контракта?

§12 70. В течение скольких лет Продавец гарантирует поставку запасных частей к оборудованию?

71. Как будут определяться цены на поставляемые запчасти?

§13 72. Кто страхует груз до борта судна, а кто от борта судна?

§14 73. Что гарантирует Продавец относительно технических усовершенствований оборудования?

74. Что гарантирует Продавец относительно материалов, применяемых для изготовления оборудования?

75. Что гарантирует Продавец относительно изготовления поставляемого оборудования?

76. Что гарантирует Продавец относительно технической документации и чертежей?

77. Какой срок нормальной и бесперебойной работы оборудования гарантирует Продавец с даты пуска его в эксплуатацию?

78. Когда устанавливается дата пуска оборудования в эксплуатацию?

79. Что обязуется сделать Продавец, если в течение сроков гарантии обнаружены будут недостатки или дефекты?

80. Какое право имеет Покупатель в вышеуказанном случае?

81. Что должен сделать Покупатель с дефектным оборудованием?

82. Какими правами может воспользоваться Покупатель, если Продавец по требованию Покупателя немедленно не устранит заявленных дефектов?

83. Что вправе сделать Покупатель в случае, если обнаруженные дефекты окажутся неустранимыми или на их устранение требуется более четырёх месяцев?

84. В каких случаях Покупатель может получить комиссионные вознаграждения от субпоставщиков?

85. Что гарантирует Продавец относительно прав на все патенты и изобретения на поставляемое оборудование?

§15 86. В каком размере Продавец уплачивает штраф в случае опоздания в поставке оборудования?

87. Можно ли изменять размер штрафа в арбитражном порядке?

88. Обязан ли Продавец уплатить штраф в случае, если Покупатель аннулирует контракт?

§16 89. Что будет в случае, если неисполнение контракта произошло в результате непреодолимой силы?

90. Что должна сделать сторона, если она оказалась не в состоянии выполнить обязательства по контракту?

91. Что будет служить надлежащим доказательством наличия выше указанных обстоятельств и их продолжительности?

92. Какое право аннуляции следует из форс-мажора непреодолимой силы?

§17 93. Что будет в случае, если возникнут споры или разногласия между сторонами?

94. В каком случае имеет место арбитраж?

95. Как должен быть создан арбитраж?

96. Кто назначается арбитром, в случае, если сторона вызванная на арбитраж, не изберёт в указанный срок арбитра?

97. Когда оба арбитра должны избрать суперарбитра?

98. На каком основании арбитраж выносит решение?

99. Что должно содержать в себе решение арбитража?

§18 100. На каком языке будет вестись переписка связанная с выполнением настоящего контракта?

§19 101. Кем оплачиваются сборы, налоги и таможенные расходы на территории страны Покупателя?

102.   Кто оплачивает расходы по хранению и транс-
       портировке?

103.   Вправе ли Продавец передавать третьим ли-
       цам   права   и обязательства по контракту?

104.   Можно ли делать устные изменения к контрак-
       ту?

105.   Что содержится в гарантийном письме?

ЧЕТВЕРТЫЙ РАЗДЕЛ

INTRODUCTION TO THE SOVIET-AMERICAN TRADE SIMULATION

The Soviet-American Trade Simulation(SATC)will be conducted over a period of several days. During that time, you will negotiate and sign a sales contract between a Soviet FTO and a designated American firm. You will be instructed to play the role of either a representative of an American firm, a designated FTO, or one of the two governments involved in the transaction. While the principle negotiations will be conducted between the FTO and the firm, the governmental representatives will serve in an advisory capacity.

The simulation's effectiveness as an instructional tool lies in the creation of an "active learning environment." We hope that through your personal involvement in a series of coordinated, role-playing activities, you will be better prepared to negotiate with the Soviets in the future. Rather than merely reading about past negotiations, you will be able to practice your language and negotiating skills in an actual negotiation. The added insights to be gained from competing against equally skilled and motivated negotiators may prove to be an important asset during actual negotiations.

The simulation consists of a free-form set of negotiations performed under the supervision of a simulation director. The negotiations will deal with the sale of a technologically advanced capital good to the Soviets, and negotiations will focus on the type of compensation involved, price, terms of delivery, penalties, and financing. The technical aspects of the negotiations, such as performance specifications, packaging, and marking instructions, will be deemphasized but not deleted.

The negotiation process as it is recreated in this simulation differs somewhat from its real-world referent and from the descriptions presented in Module I(Первый раздел). Rather than basing the activities on the four negotiation stages(invitation to tender, technical presentation, technical negotiations, and contract negotiations)outlined in the module, it compresses the entire process into two negotiation phases. Phase I negotiations deal with general performance specifications of the product and with the type of transaction to be pursued. The remaining discussions, Phase II, actually comprise the contract negotiations. To a certain extent, the initial phase includes aspects of the technical discussion and technical negotiation stages while the second phase is devoted to the contract clauses. The invitiation to tender stage has been omitted in the interests of simplicity.

The negotiations between FTO and firm officials represent only one of many levels of personal interaction in the game. Before and during the negotiations, additional communication lines will develop between the governmental advisory teams and the negotiating teams; interaction within teams on a personal level will be prominent. The participants are urged to act according to the interest orientations and "need hierarchies" specific to their role; in that manner, a fairly accurate depiction of the negotiation process can be replicated.

While it is virtually impossible to identically recreate the negotiation setting in the laboratory, it is possible to create an isomorphic representation of the dynamics involved. In other words, while the structures, organs, and personalities normally involved may be altered, or in some cases omitted from the simulation, the processes generated accurately represent those that exist in the real world. It is, however, impractical to model such activities as inspection trips to plant locations, luncheon parties between American and Soviet officials, and other activities commonly associated with trade negotiations. For the purposes of this simulation, only those aspects of the negotiation process deemed essential will be modeled in the SATS.

RESOURCES

The resources required to run the SATS are quite minimal and include time, personnel, and a place in which to house the negotiations. The time required to perform the simulation is considerably less than that required to prepare for it. The negotiations should last from eight to ten hours and can easily be accommodated in two or two and one half hour long sessions over a period of three to four days. These time limits are merely suggestive, however, as some negotiations may be considerably involved, requiring more time, or may be relatively simple, requiring much less time. The simulation director will have to use his or her judgement in devising a calendar of negotiating sessions.

The personnel requirements of the SATS game are equally flexible. While the ideal game would include ten players, three on each negotiating team and two on the U.S. and Soviet governmental advisory teams, the simulation can be run with anywhere from eight to fourteen players. A minimum of three participants should be assigned FTO or firm roles and at least one person should perform the governmental advisory function. However, if a shortage of participants necessitates running the simulation with less than eight players, the two governmental advisory teams can be deleted if absolutely necessary. Additionally, the simulation activities must be coordinated by a simulation director.

Finally, a location in which to house the simulation activities must be secured. The facilities need not be elaborate or especially large; a conference room large enough to accomodate the number of players involved in the negotiations can serve as the negotiation center. It should contain one large conference table and enough chairs to seat all of the participants. A couple of smaller rooms nearby the negotiation center should also be provided to serve as delegation quarters; during breaks in the negotiations and prior to or after the sessions, these quarters can be used by the two negotiating teams to meet with their governmental advisory teams or to conduct strategy sessions and prepare strategy notes for the simulation director. If available, additional rooms for the two governmental advisory teams may be provided.

TEAM COMPOSITIONS

As previously mentioned, the SATS participants will be divided into four teams, representing a designated FTO, an American business firm, the Soviet Governmental organs involved in the trade, and concerned American governmental organizations. Each team will operate under a specific set of interests and orientations to the particular transaction and it is the interaction between these various interests that will create the air of realism and intense competition during the game.

The Soviet FTO team will consist of three, four or five FTO officials. Heading the delegation, the First Deputy will coordinate the activities of the rest of the FTO team members. He will be the principle negotiator for the Soviet side and will hold the legal authority to sign the contract, initial changes in the clauses, and to represent the official Soviet viewpoint. In effect, he can be considered the team captain for the FTO delegation and should convene any strategy sessions or special meetings that become necessary. The remaining members of the FTO team will consist of specialized "personnel," including a technical or specification engineer, a legal advisor, an economic or financial specialist, and/or any other position deemed appropriate and necessary. They are to be considered experienced specialists in their respective fields and will, to a large part, determine the FTO team's strategy in their respective areas.

During the negotiation, the First Deputy will ask the various engineers to represent the FTO's position on their specialized areas to the U.S. firm's representatives. In this manner, a large portion of the negotiating will be conducted by lower-level staff members, rather than by the First Deputy. However, since none of these people will be considered legally competent to sign for the FTO, the First Deputy should be keenly aware of their positions on the terms of the contract, as he will have to sign for the FTO.

The U.S. business firm will be represented in the negotiations by a delegation of three, four, or five corporate officials; the U.S. and Soviet negotiating teams need not, however, be identical in size or make-up. The activities of the U.S. negotiating team will be coordinated by the Principal Negotiator, a mid-to-upper-level management official from within the company. The Principal Negotiator will be solely responsible for signing the contract for the American firm and is to be considered the senior representative of the firm in Moscow. He has authority over the form of the American bid proposal and can, within reason, alter the terms of the proposal to take advantage of any unforeseen developments in the negotiations.

The advisors to the Principal Negotiator, like the various "specialists" on the FTO team, will specialize in specific topics of importance in the negotiations. One team-member should concentrate on the product specifications, capabilities, and applications; as the Engineering Advisor, he or she should present most of the detailed information during the technical presentation stage in Phase I and should field any questions that the Soviet officials have concerning technical aspects of the transaction. The Engineering Advisor will also play an important part during the technical negotiations and should be available for clarification throughout the negotiations. Other advisors may include specialists in the areas of international contract law, finance, and politics. They too may be called upon to negotiate portions of the contract relevant to their areas of specialty and will play im-

187

portant roles in the strategy formulation sessions. During the negotiations, they will frequently be called upon for advice by the Principal Negotiator.

The Soviet governmental advisory team will consist of representatives of those bureaucracies most involved in the transaction that would, in the real world, have a direct input into the negotiating FTO. Depending upon the number of participants and the size of the two negotiating teams, the governmental team may have from one to three members, each representing a different bureaucracy. In general, the U.S.S.R. advisory team should include a representative of the client ministry on whose behalf the FTO is negotiating and a representative of the State Committee on Science and Technology, if the subject of the transaction is appropriate. A representative of any ministry or committee deeply concerned over the acquisition of the product or technology could sit in. Because many of the interests of the various governmental advisors will be contradictory, the team will operate as a loose collection of individuals rather than as a unified body. The FTO team should seek counseling from the advisory representatives on an individual basis; whenever they deem it necessary, the advisory personnel may also approach the FTO negotiators with instructions, suggestions, or other observations.

Like the Soviet governmental advisory team, the U.S. advisory team will not be involved in the actual negotiations. They too will consult with the U.S. trade delegation on an individualized basis, providing relevant information, suggesting strategies, and articulating the official viewpoint of their respective governmental bureaucracies. Depending on the nature of the trade, the U.S. governmental advisors may number from one to three, representing such organizations as the Department of Commerce Bureau of East-West Trade, Department of State, Department of Defense, or other concerned bodies. It will be the responsibility of the Bureau of East-West Trade (BEWT) representative to advise the U.S. negotiating team on the likelihood of receiving an export license for the proposed transfer of goods, on the prospects of receiving EX-IM Bank financing, and on similar concerns. In essence, the BEWT representative should provide as much assistance to the business firm as possible to expedite the U.S. trade delegation's efforts to conclude a favorable trade agreement. The Department of State advisor, on the other hand, might apprise the delegation of the political ramifications of the impending deal. He or she might represent the views of

those opposing the sale on national security grounds
and should inform the delegation about any policy implications arising from the proposed trade. In another vein, the Department of State representative might
share with the U.S. negotiating team its appraisal of
the Soviet interests involved in the trade; an eval-
uative assessment of the Soviet strategies, goals,and
intentions may prove to be a valuable asset for the
American team. Other advisory team members should
similarly counsel the delegation in a manner conso-
nant with their views and interest orientations. (It
should be pointed out here, that the real world involvement of government officials would be much less
extensive in terms of direct association with the negotiations of a business deal, but they are included
in the SATS in order to demonstrate the primary interest groups in East-West trade.

GAME ACTIVITY

The focus of the SATS activities surrounds the in-
teractions of the parties involved in the trade and
the complex interplay between the various interests
involved. It is in the articulation of these diverse
and often conflicting interests that many of the com-
munications difficulties frequently occur. Thus, in
order for the simulation to accurately reflect the dynamics associated with Soviet-American trade negotiations, each participant must faithfully act according
to their role's interest orientations.

As has been previously mentioned, the simulation
activities are essentially free-form negotiations.
While few instructions regarding the conduct of the
negotiations will be necessary, some background information concerning the setting and substantive aspects of the negotiations will be provided. There
will be briefing papers assigned by the coordinator to
each of the four teams, which will outline the scenar-
io of the transaction about to be initiated.

Each paper provides its intended reader with the
background information necessary to appropriately act
out his or her role. For example, the Soviet FTO team
will be provided with background on the client ministry or construction product, detailing the needs of
the end-user, the desired specifications, and intended use of the product. The U.S. trade delegation will
be provided with papers outlining the identity and his-
tory of the selling company and describing the specifications, cost, capabilities, and applications of the
designated trade good. In some cases, an actual bid
proposal may be included. The two governmental advi-

189

sory teams, on the other hand, will be furnished briefing papers outlining the identities and interests of the various groups interested in the upcoming transaction. In all cases, sufficient information will be provided to enable each participant to develop sufficiently involved positions vis-a-vis the negotiations.

Two points should be stressed at this juncture. First, under no circumstances should the information revealed in each set of briefing papers be shared among the participants. This book was originally designed so that the briefing papers would be issued by the coordinator. This did not prove to be practical, if we were to keep the cost of the book to a reasonable level. Consequently, it is incumbent upon the honor of each participant to avoid looking at the briefing papers of the opposing team. The briefing papers contain confidential information that, if leaked to the other teams, could seriously affect the outcome of the negotiations and jeopardize the effectiveness of their rightful owner's strategies. Second, while enough information will be provided for the SATS participants to act out their roles, the facts contained in the briefing papers may be sketchy and incomplete. The participants are encouraged to develop their roles by combining the information provided in the briefing papers with any knowledge they may already have gained through outside readings or in the preparatory modules of this book. A good deal of the realism during the negotiations will be injected by the imagination and insight of the participants. While the players may not change the parameters of their role assignments or alter the topic of the negotiations, they do have great freedom in adding detail to their assigned roles during the role-playing activities.

The simulation activities commence shortly after the team and role assignments have been made. Before the actual negotiations begin, however, the two negotiating teams should gather in their respective meeting rooms to discuss the upcoming negotiations and to begin to devise strategy. At the same time, the members of the two governmental advisory teams should individually begin to expand on the information provided in the background papers and to devise briefings for their respective negotiating teams. At least several hours should be spent in preparation for the negotiations; depending upon the time requirements of the simulation director, however, a whole day may be designated for strategy planning sessions and additional research.

During this preparatory period, each member of the governmental advisory teams and the two negotiating teams will be required to perform a short, written exercise. The individual governmental advisors, having expanded the information provided in their briefing papers into a fairly comprehensive orientation to the negotiations, will draft a short, but detailed, portrayal of their vital interests with regard to the negotiations; they should include any plans that they may have to affect the bargaining position of their negotiating team and should explain why they hold the positions that they do. The papers may be drafted in expository form or may merely consist of lists of interests and plans. The FTO and American business firm teams, on the other hand, should each draft short papers on the strategies, vital interests, and goals that they intend to pursue during the negotiations. These strategy notes should reflect the collective efforts of the entire team and should be fairly detailed. The papers will be reviewed by the simulation director to determine the degree to which you have assumed your roles and how well you have grasped the issues associated with the impending transaction. These papers should be kept in strictest confidence as well.

After the teams have devised their negotiating strategies and have finished their papers, a series of coordination meetings between the negotiation teams and their governmental advisors should be initiated. During these sessions, the negotiating teams may solicit advice from the advisors or reveal their negotiating strategies to them. A frank exchange of views should ensue in which the interests of the various parties are aired and appropriate measures taken to either accommodate those views or explain the position of the respective negotiating team. Lines of communication should be established in the event that the services of the advisors are required during the negotiations and subsequent coordination meetings may be planned. Depending upon the discretion of the negotiating teams, the meetings may be conducted with individual governmental advisors or with the assembled governmental advisory team.

At this point, the actual negotiations can begin. Phase I, including the general technical discussions, the subsequent technical negotiations, and negotiations concerning the type of contract to be pursued, will probably require one or two sessions to complete. Only after completion of these tasks can the contract negotiations begin; hence, it may be necessary to extend the length of the sessions or add additional negotiating periods to accommodate these important discussions.

While it is not appropriate to detail what each

team should say and do during these preliminary talks, a brief sketch of the major events of the day may be useful. The simulation director should have designated the location and time of the first meeting on the calendar of simulation events. At that time, the two negotiating teams should assume positions on either side of the conference table; their respective governmental advisors should be seated behind them, occupying chairs along the walls of the negotiation center. Under no circumstances are the governmental advisors to be recognized to speak during the negotiations. They are considered observers to the proceedings and may consult with their respective negotiating teams only during recesses or before or after negotiating sessions.

The First Deputy of the FTO should take the initiative to welcome the American delegation and to commence the negotiations by briefly stating that the FTO is interested in a particular product produced by the American firm. At that point, the technical presentation may begin and the two teams should pursue whatever strategies they feel are appropriate to achieve their goals. The American delegation should remember that it is a guest of the Soviet FTO and that the First Deputy is in charge of the negotiating schedule. The Americans may, for instance, request a recess in the negotiations, subject to approval by the First Deputy. Such a request should be used sparingly, however, as the Soviets may react disfavorably to what they may perceive to be American stall tactics.

During this phase of the negotiations, the participants should be sensitive to a number of topics. First, both parties should be aware of and sensitive to the needs of the other. In all probability, the Soviets will be concerned with performance characteristics of the product while the Americans will be concerned with concluding a sale. These interests, if recognized, can be manipulated by the adept negotiator to his advantage. Second, the range of possible transactions is great, including direct sale, credit sale, counter purchase, buy-back, and so on. It is assumed that each team will prefer one or two types and will attempt to conclude that form of contract. Third, the negotiators should be sensitive to their negotiating style and that of their opponent. By reading clues in the conduct of their negotiators, the adept negotiator can determine how flexible or inflexible the demands of the opposing team are.

After the technical specifications and type of

trade have been decided, the second phase of the negotiations begins. Phase II, the contract negotiations, are the true substance of the foreign trade deal. It is during these detailed discussions that many negotiations fail; the inability of the two parties to concur on the wording of the contract clauses or the inability of one party to fulfill the terms desired by the other is not uncommon. It is not mandatory that your negotiations culminate in a successfully negotiated contract. As in the real world, you may find that some of your interests and needs are mutually exclusive and that, rather than take a financial loss or accede to demands that you cannot faithfully fulfill, the only alternative is to withdraw from the negotiations and go home. This possibility is not to be ruled out in the SATS game.

The contract negotiations focus on the insertion of the terms of the transaction into the FTO form contract and on the rewording of any clauses that are unacceptable to either party. A blank contract is provided for this purpose in the back of this module. Each clause should be taken in the order in which it appears in the contract and it should be read and fully discussed between parties. The First Deputy and Principal Negotiator may ask their legal, technical, or financial advisors to negotiate those clauses pertaining to their areas of expertise,but all changes must be approved by the team leader. Similarly, each page of the contract should be initialed by the Soviet and American signers to assure that each clause has been sufficiently discussed and that mutual agreement exists. Each team should retain its own, personal copy of the contract on which to record initials, changes, and signatures. It is imperative that all participants take their role responsibilities seriously and attempt to accurately represent the interests supported by their real-world counterparts. Only through the devoted and serious efforts of all of the participants can the SATS game successfully portray the dynamics that it is designed to do. The responsibility for the educational value of this exercise rests in your hands.

Контракт №

Транс №

г. Москва   198 г.

Всесоюзное экспортно-импортное объединение _____
_____, г. Москва, СССР, именуемое в дальней-
шем "Покупатель", с одной стороны, и фирма
_____
_____
_____
именуемая в дальнейшем "Продавец", с другой стороны,
заключили настоящий контракт о нижеследующем:

§1. Предмет контракта

1.1. Продавец продал, а Покупатель купил на условиях
     поставки ф.о.б. _____
     следующее оборудование: _____
     _____
     _____
     _____
     _____

     Спецификация и техническая характеристика оборо-
     дования и принадлежностей предусмотрены в Прило-
     жении/ях №

§2. Цены и общая сумма контракта

2.1. Цены по позициям указаны в приложении/ях №

2.2. Цены твердые и не подлежат изменению.

2.3. Цены понимаются ф.о.б. _____
     и включают стоимость морской упаковки, маркиров-
     ки, погрузки на борт судна, укладки и крепления
     оборудования как в трюме, так и на палубе, в том
     числе стоимость необходимых для этого материалов,
     стоимость лихтировки, перемещения груза на при-
     чале, стивидорных работ, а также доковые, порто-
     вые, крановые сборы, таможенные пошлины на това-
     ры и плату за выполнение таможенных формальнос-
     тей.

194

2.4. *Общая сумма контракта составляет*

_____
_____
_____
_____
_____

(*прописью*)

§3. Сроки поставки

3.1. *Указанное в §1 контракта оборудование должно по-
стaляться комплектно по каждому трансу в следующие сроки:*

_____
_____
_____

в сроки, указанные в Приложении № _____

3.2. *К указанным срокам оборудование должно быть изготовлено, испытано, упаковано и поставлено*

_____

3.3. *Датой поставки считается дата чистого бортового
коносамента, выписанного на имя Покупателя, штем-
пеля на железнодорожной накладной пограничной
станции* _____

*на которой товар передается железной дорогой
страны Продавца железной дороге, принимающей товар.*

§4. Конвенциональный штраф

4.1. *В случае просрочки в поставке оборудования против сроков, установленных настоящим контрактом,
Продавец уплачивает Покупателю штраф в размере
0,5% от стоимости не поставленного в срок оборудования за каждую начавшуюся неделю в течение
первых 4-х недель просрочки и 1% за каждую последующую начавшуюся неделю. Общая сумма штрафа за
просрочку, однако, не может превышать 10% стоимости не поставленного в срок оборудования.*

*В случае если из-за несвоевременной поставки от-
дельных частей, поставленное ранее оборудование
не может быть пущено в эксплуатацию и/или исполь-
завано по целевому назначению, Покупатель вправе
начислить штраф, как указано выше, от стоимости
всего оборудования.*

195

4.2. Опоздание в представлении технической документации, поставка некомплектной и/или неполноценной технической документации рассматриваются как опоздание в поставке оборудования, к которому относится техническая документация.

4.3. Указанные размеры штрафа не могут быть уменьшены или увеличены в арбитражном порядке.

4.4. Продавец обязуется уплатить штраф по первому требованию Покупателя. Покупатель вправе также удержать начисленный штраф при оплате счетов Продавца.

4.5. Если просрочка в поставке превысит 4 месяца, Покупатель вправе аннулировать контракт полностью или частично без возмещения Продавцу каких-либо расходов или убытков, вызванных аннулированием контракта. В этом случае Продавец обязан уплатить штраф в размере 10%, как указано в п. 4.1., и немедленно возвратить произведенные Покупателем платежи с начислением _____ % годовых.

§5. Форс-мажор

5.1. Стороны освобождаются от ответственности за частичное или полное исполнение обязательств по настоящему контракту, если оно явилось следствием обстоятельств непреодолимой силы, а именно: пожара, наводнения, землетрясения и войны, и, если эти обстоятельства непосредственно повлияли на исполнение настоящего контракта.

При этом срок исполнения обязательств по контракту отодвигается соразмерно времени, в течение которого действовали такие обстоятельства.

5.2. Сторона, для которой создалась невозможность исполнения обязательств по контракту, обязана о наступлении и прекращении вышеуказанных обстоятельств немедленно, однако, не позднее десяти дней с момента их наступления, в письменной форме известить другую сторону.

Несвоевременное извещение об обстоятельствах непреодолимой силы лишает соответствующую сторону права ссылаться на них в будущем.

5.3. Надлежащим доказательством наличия указанных выше обстоятельств и их продолжительности будут служить свидетельства соответствующих Торговых палат.

5.4. Если эти обстоятельства будут длиться более 6-ти месяцев, то каждая из сторон будет вправе аннулировать контракт полностью или частично, и в этом случае ни одна из сторон не будет иметь права потребовать от другой стороны возмещения возможных убытков.

Продавец обязуется при этом немедленно возвратить Покупателю все суммы, уплаченные последним по настоящему контракту с начислением ____% годовых.

5.5. Если вследствие наступления обстоятельства форс-мажора Продовец окажется в просрочке в отношении лишь незначительной части контракта, Покупатель будет иметь право аннулировать контракт в этой части и до истечения указанного в п. 5.4. срока. Продавец обязуется в этом случае по требованию Покупателя передать последнему безвозмездно все чертежи (в том числе и рабочие чертежи) и всю техническую документацию, необходимые для изготовления не поставленной части оборудования и укомплектования поставленного оборудования в соответствии с условиями настоящего контракта.

§6. Условия платежа

6.1. Платежи в размере _____ % стоимости поставленного оборудования будут производиться в

_____
(валюта)

в тенение 30 дней с даты получения Покупателем следующих документов:

а) оригинала специфицированного счета Продавца с 2-мя копиями;

б) полного комплекта чистых бортовых коносаментов, выписанных на имя Покупателя, назначением порт СССР;
дубликата международной ж. д. накладной, выписанной на имя

_____
_____
_____

для дальнейшей переотправки средствами железных дорог на ст. _____

для В/О _____

в) гарантийного письма Продавца о качестве и комплектности поставленного оборудования в 2-х экз.;

г) специфицированных упаковочных листов в 3-х экз.;

д) разрешения инспектора Покупателя или Покупателя на отгрузку оборудования после его испытания с участием инспектора Покупателя или без его участия в соответствии с §8 контракта;

е) протокола испытания в 4-х экз.;

ж) копии сопроводительного письма Продавца, подтверждающего отсылку предусмотренной в §7 контракта технической документации в адрес, указанный Покупателем;

з) фотокопии действующей экспортной лицензии, если таковая потребуется.

6.2. _____ % стоимости поставленного оборудования оплачиваются по истечении гарантийного периода, при условии достижения оборудованием количественных и качественных показателей, предусмотренных контрактом.

Оплата этой суммы производится по истечении гарантийного периода в течение 30 дней с даты получения Покупателем счета Продавца и при отсутствии обоснованных претензий Покупателя.

6.3. Оплата производится только за комплектно поставленное оборудование по каждому трансу.

6.4.

Примечание: В счетах Продавец должен из стоимости оборудования вычесть стоимость страхования в соответствии с §14 "Страхование", показав это отдельной строчкой.

§7. Чертежи и техническая документация

7.1. Продавец обязуется выслать в адрес

_____

_____

_____

заказной почтой 2 экз. нижеследующих чертежей и технической документации для каждой комплектной единицы оборудования:

1.   планировка расположения основного и комплектующего оборудования с основными размерами, а также указанием расстояний между ними, за _____ месяца/ев до срока поставки оборудования;

2.   чертеж общего вида с размерами и полной спецификацией узлов, сборочные чертежи основных узлов с необходимыми разрезами, чертежи специального инструмента и приспособлений, за _____ месяца/ев до срока поставки оборудования;

3.   фундаментные и установочные чертежи с данными по статическим и динамическим нагрузкам на фундаменты, с указанием величины нагрузок и мест их приложения, а также расположения анкерных болтов, за _____ месяца/ев до срока поставки оборудования;

4.   принципиальные схемы: кинематическая, электрическая, гидравлическая, пневматическая, самзки, охлаждения, с указанием основных характеристик масел и охлаждающей жидкости, потребляемой электрической мощности по каждому механизму, расхода сжатого воздуха, за _____ месяца/ев до срока поставки оборудования.

7.2. Два комплекта нижеследующей документации поставляются вместе с оборудованием:

1.   технический паспорт, включающей все технические данные оборудования;

2.   инструкция по монтажу, сборке и пуску в

199

эксплуатацию;

3.   инструкция по эксплуатации, уходу за оборудованием и его ремонту;

4.   спецификация смонтированного эклектрооборудования и его краткая характеристика;

5.   спецификация приборов и руководство по их обслуживанию;

6.   спецификация подшипников с указанием мест их установки, типов и размеров, а также фирм-изготовителей;

7.   спецификация быстроизнашивающихся деталей и коталаги или рабочие чертежи на них;

8.   протокол испытания оборудования;

9.   протоколы замеров деталей(заготовок), обработанных при испытании оборудования;

10.   комплект документов по проверке сосудов, аппаратов, трубопроводов, работающих под давлением согласно Приложению № _____;

11.   документация, указанная в п. 7.1.

7.3. Документация, перечисленная в п. 7.2., должна быть вложена в водонепроницаемой упаковке в ящик №1, из который наносится дополнительная маркировка: "Документация здесь".

7.4. Все текстовые материалы(инструкции, описания и т. п.), а также надписи на чертежах должны быть выполнены на русском и английском языках.

7.5. В случае, если документация, перечисленная в п.п. 7.1. и 7.2. не выслана своевременно почтой и/или не вложена в ящик №1, поставка считается некомплектной и Продавец уплачивает Покупателю штраф в порядке и размере, установленным в п. 4 контракта.

В этом случае срок гарантии соответственно продлевается и начало его исчисляется со дня получения Покупателем полного комплекта технической документации.

§8. Инспектирование и испытание

8.1. Покупатель имеет право посылать своих инспекторов на заводы Продавца и его субпоставщиков в любые нормальные рабочие часы для наблюдения за ходом изготовления оборудования, для проверки качества отдельных его узлов и используемых материалов, а также для участия в испытаниях оборудования, причем Продавец обязан бесплатно предоставить инспектору Покупателя необходимые для этих целей технические средства и помещение.

8.2. Продавец обязан испытать изготовленное оборудование в соответствии с техническими условиями настоящего контракта, а в случае отсутствия таковых - в соответствии с условиями, существующими в данной отрасли промышленности своей страны.

   8.2.1. Испытание оборудования должно производиться на заводах Продавца и/или его субпоставщиков за счет Продавца в присутствии инспектора Покупателя.

   8.2.2. До испытания оборудования в присутствии инспектора Покупателя оно должно быть испытано, проверено и принято контрольным персоналом Продавца.

   8.2.3. По окончании испытаний Продавец составляет Протокол, в котором указывает существенные подробности и результаты испытаний, а также подтверждает, что изготовленное оборудование соответствует условиям контракта.

   8.2.4. Если при испытании выявится недостатки или несоответствие изготовленного оборудования условиям контракта, Продавец обязуется за свой счет немедленно устранить таковые без права на продление предсмотренных контрактом сроков поставки, после чего оборудование должно быть, по требованию Покупателя, испытано вновь.

   8.2.5. Если при испытании не будет обнаружено недостатков, инспектор Покупателя выдаст Продавцу разрешение на отгрузку оборудования.

8.3. Извещение Продавца о готовности оборудования к

201

испытанию в присутствии инспектора Покупателя должно быть послано по телеграфу или телексу Покупателю и Торгпредству СССР в

_____

не позднее, чем за 20 дней до начала испытания.

    8.3.1. Если к указанному в извещении сроку инспектор Покупателя не прибудет на место проведения испытания, Продавец вправе провести испытание в отсутствие инспектора Покупателя. В этой случае разрешение на отгрузку оборудования выдается Покупателем или Торгпредством СССР в _____ _____ после получения ими протокола испытания и гарантийного письма Продавца, подтверждающих соответствие изготовленного оборудования условиям настоящего контракта.

8.4. Присутствие инспектора Покупателя при проведении Продавцом испытаний так же, как и выдача инспектором Покупателя или Покупателем разрешения на отгрузку, не освобождают Продавца от принятых им на себя обязательств по обеспечению количественных и качественных показателей поставляемого оборудования и не влияют на права Покупателя, предусмотренные §9 настоящего контракта "Гарантии".

8.5. Сосуды, аппараты и трубопроводы, работающие под давлением согласно Приложению №_____ должны быть испытаны инспектором местного компетентного контрольного органа и соответствовать нормам страны Покупателя.

8.6. Продавец обязуется принять меры, обеспечивающие своевременное получение виз на въезд в _____ _____ инспекторов и специалистов Покупателя на сроки, вытекающие из условий контракта.

8.7. Продавец обеспечивает инспекторов и специалистов Покупателя за свой счет на время их пребывания у Продавца гостиницами с удобствами, а также транспортными средствами от гостиницы до завода-изготовителя.

8.8. Для отладки и испытания оборудования Покупатель высылает за свой счет на условиях поставки СИФ _____ следующие заготовки:

№ чертежа	Вид заготовок	Количество	Срок Поставки

8.8.1. Обработанные заготовки Продавец возвращает за свой счет Покупателю вместе с оборудованием, к которому относятся заготовки.

8.9. Окончательные испытания (по программе, согласованной между Продавцом и Покупателем) и приемка оборудования в эксплуатацию производятся в СССР.

§9. Гарантии

9.1. Продавец гарантирует, что:

а) поставляемое оборудование будет соответствовать вышему уровню техники в стране Продавца для данного вида оборудования в момент исполнения контракта;

б) при изготовлении оборудования будут использованы высококачественные материалы, обеспечены первоклассная обработка и высокого качества сборка;

в) производительность поставляемого оборудования и качество его работы будут полностью соответствовать техническим условиям контракта;

г) поставленное оборудование, а также чертежи и техническая документация комплектны, доброкачественны и изготовлены в полном соответствии с условиями настоящего контракта;

д) сосуды, аппараты, трубопроводы, работающие под давлением, согласно Приложению № _____ и представленная на них техническая документация отвечают требованиям и нормам страны Покупателя.

9.2. Продавец гарантирует нормальную работу оборудования в течение _____ месяцев с даты пуска его в эксплуатацию, однако не более _____ месяцев с даты поставки последней части оборудования, без которой не может быть пущено в эксплуатацию поставленное оборудование.

Срок гарантии соответственно продлевается, если по вине Продавца имела место задержка в пуске оборудования в эксплуатацию или эксплуатация оборудования была приостановлена.

9.3. Датой пуска оборудования в эксплуатацию считается дата акта об окончании приемных испытаний на заводе Покупателя и пуске оборудования в эксплуатацию.

9.4. Если в течение сроков гарантии оборудование окажется дефектным или некомплектным или не будет соответствовать условиям контракта, не достигнет обусловленной производительности, либо утратит её, то, независимо от того, могло ли это быть установлено при испытании на заводе Продавца или его субпоставщиков, Продавец обязуется по требованию Покупателя незамедлительно и за свой счет устранить обнаруженные дефекты путем исправления либо замены дефектного оборудования или его частей новым доброкачественным оборудованием.

В этом случае Покупатель вправе потребовать от Продавца уплаты штрафа, как за просрочку в поставке, в порядке и размере, установленным в п. 4 контракта, считая с даты заявления претензии по день устранения дефекта или на дату поставки нового оборудования взамен забракованного.

Однако сумма штрафа не может превышать 10% от стоимости дефектного оборудования, включая штраф за просрочку в поставке, если такая просрочка имела место и штраф уже был начислен.

9.5. Дефектное оборудование, взамен которого поставлено новое, возвращается Продавцу по его требованию и за его счет в срок, согласованный сторонами.

9.6. Все транспортные и другие расходы, связанные с возвратом и/или заменой дефектного оборудования, как на территории страны Покупателя и страны транзита, так и на территории Продавца, несет Продавец.

9.7. Указанный выше гарантийный период в отношении исправленных и/или новых машин, узлов, аппаратов и т. п., поставленных взамен дефектных, начинается снова с момента их ввода в эксплуатацию.

В случае исправление или замены узлов, аппаратов, частей срок гарантии основного оборудования продлевается на время, в течение которого оборудование не использовалось вследствие обнаруженного дефекта.

9.8. Если Продавец по требованию Покупателя без промедления, но не позднее 30 дней с даты заявления претензии, не устранит заявленных дефектов, то Покупатель вправе устранить их сам на счет Продавца, без ущерба для своих прав по гарантии, причем Продавец обязан оплатить ремонт в сумме нормальных фактических расходов.

9.9. Если недостатки неустранимы, то Покупатель вправе или отказаться от контракта и Продавец в этом случае обязан возместить Покупателю понесенные им убытки, либо потребовать от Продавца соразмерного уменьшения цены поставленного оборудования.

§10. Упаковка

10.1. Оборудование должно отгружаться в экспортной морской упаковке, соответствующей характеру поставляемого оборудования.

10.2. Упаковка и консервация должны обеспечить полную сохранность груза от всякого рода повреждений или коррозии при перевозке его морем, по железной дороге и смешанным транспортом с учетом нескольких перегрузок в пути, а также длительного хранения в условиях жаркого лета и холодной зимы (до ±40°С).

10.2.1. Упаковка должна быть приспособлена как к крановым перегрузкам, так и перегрузкам ручным способом, на тележках, и автокарах.

10.3. Продавец обязан на каждое место составить подробный упаковочный лист, в котором помимо перечня упакованных предметов, указывается их тип (модель), заводской номер, номер позиции по спецификации, вес брутто и нетто, № контракта, № транса. Один экземпляр упаковочного листа в водонепроницаемом конверте вкладывается в ящик с оборудованием и 1 экземпляр, покрытый металлической пластинкой, прикрепляется к наружной стороне ящика или приваривается точечной сваркой непосредственно к металлическим частям оборудования, если оно отгружается без упаковки.

10.4. Продавец несет ответственность перед Покупателем за порчу, повреждение или поломку оборудования вследствие ненадлежащей упаковки, за образование коррозии из-за надостаточной или несоответствующей консервации.

10.5. Продавец принимает к сведению, что для перевозки по железным дорогам СССР допускаются места следующих максимальных размеров:

длина   - 10.000 мм.
ширина - 3.250 мм.
высота - 2.680 мм.

10.5.1. В случае, если места превышают указанные выше размеры, Продавец обязан в течение _____ месяцев с даты подписания контракта выслать Покупателю для согласования эскизы отгружаемых мест в 3-х экз. в масштабе 1:50 с указанием длины, ширины, высоты, веса груза и центра тяжести в трех проекциях.

В этих случаях товар может быть отгружен только при получении подтверждения Покупателя на его отгрузку.

10.5.2. При отгрузке таких мест Продавец обязан приложить к коносаменту, следуемому с грузом, подтвержденные Покупателем эскизы в 3-х экз.

§11.   Маркировка

11.1. Ящики, в которых упаковано оборудование, маркируются с четырех сторон, на двух противоположных боковых и двух торцовых сторонах.

Груз, не упакованных в ящики, маркируется с двух противоположных сторон или на металлических бирках, привариваемых к металлическим частям оборудования.

11.2. Маркировка должна быть нанесена четко, несмываемой краской на английском и русском языках и содержать следующее:

На боковых сторонах

В/О "_____"
Модель

Контракт №
Транс №
Заводской №
Место №
Вес нетто   кг
Вес брутто   кг
Размеры ящика в см(длина, ширина, высота).

Места, требующие специального обращения, должны иметь дополнительную маркировку:

Верх
Осторожно
Не кантовать

а также другие обозначения, если это необходимо.

На торцовых сторонах

С Т И
Контракт №
Транс №
Место №

11.3. На всех местах весом более 500 кг, а также грузах в ящичной упаковке, высота которой превышает один метр, должно быть указано несмываемой
краской располжение центра тяжести знаком + и
буквами ЦТ и его координаты в трех проекциях, а
также места захвата(стропы)погрузочно-разгрузоч-
ными механизмами.

11.4. Места нумеруются дробными числами, в которых
числитель обозначает порядковый номер места, а
знаменитель - общее количество мест данной комплектной единицы оборудования.

11.5. Продавец несет ответственность за дополнительные транспортные, складские и другие расходы,
возникшие в связи с засылом оборудования не по
адресу вследствие неполноценной или неправильной маркировки.

§12.   Отгрузочные инструкции и извещения
об отгрузке

12.1. При морских перевозках Продавец за 45 дней до
начала каждого месяца, в котором предусмотрена
поставка оборудования согласно §3 контракта, должен представить Покупателю и морскому агенту
Совфрахта _____

207

перечень поставляемого оборудования с указанием № контракта, № транса, веса, кубатуры и даты готовности этого оборудования к отгрузке из порта

12.2. По всем вопросам, связанным с отгрузкой оборудования, Продавец должен следовать указаниям морского агента Совфрахта или экспедитора Покупателя.

12.3. Если Продавец не сможет доставить оборудование в порт к сроку, указанному в перечне, полностью или частично и не предупредит об этом Покупателя в течение 20 дней с даты отсылки перечня, все расходы, связанные с мертвым фрахтом или простоем судна, будут отнесены на счет Продавца.

12.4. В течение 24-х часов после отгрузки оборудования Продавец обязан сообщить Покупателю и Торгпредству СССР в

по телеграфу: дату отгрузки, наименование оборудования, название судна, порт назначения, № коносамента/№ ж.д. накладной, № контракта, № транса, количество мест и вес брутто.

Это сообщение должно быть подтверждено письмом.

12.5. Продавец несет ответственность за несвоевременное извещение об отгрузке.

§13. Экспортные лицензии

13.1. Продавец берет на себя все заботы и расходы, связанные с получением экспортных лицензий на поставку в СССР оборудования и технической документации в объеме, предусмотренном настоящим контрактом.

13.2. Если лицензии не будут получены или до окончания исполнения контракта будут отозваны соответствующими властями, или действие их истечет, Покупатель вправе аннулировать контракт полностью или частично.

В этом случае права и обязательства регулируются согласно п. 5.4. настоящего контракта.

§14. Страхование

14.1. Покупатель принимает на себя все заботы и расходы по страхованию в Управлении иностранного страхования СССР (Иногосстраха) поставляемого по контракту оборудования с момента его отгрузки с завода Продавца и/или его субпоставщиков до момента получения заводом Покупателя.

14.2. Расходы по страхованию от завода Продавца и/или его субпоставщиков до момента погрузки товара на судно в порту отгрузки/поставки франко-вагон _____ _____ граница, согласно §2 контракта, в размере 0,075% от страховой суммы относятся на счет Продавца и удерживаются Покупателем при оплате счетов за оборудование.

14.3. Страхование за время всего периода транспортировки и перевозок производится на условиях "С ответственностью за частную аварию" согласно п. 2 §2 "Правил транспортного страхования грузов" Ингосстраха СССР, включая повреждения грузов кранами, маслом, пресной водой (исключая отпотевание) и другими грузами, включая поломку, кражу целых и части мест и недостатку целых мест во всех указанных выше случаях, независимо от процента повреждения.

В течение 30 дней с даты подписания контракта Покупатель должен выслать Продавцу страховой полис, выписанный на имя Продавца, покрывающий страхование оборудования с момента его отгрузки с завода Продавца и/или субпоставщиков до момента погрузки на борт судна в порту _____ _____

§15. Арбитраж

15.1. Все споры и разногласия, которые могут возникнуть из настоящего контракта или в связи с ним, будут по возможности разрешаться путем переговоров между сторонами. В случае, если стороны не придут к соглашению, то дело подлежит, с ис-

ключением подсудности общим судам, разрешению
в арбитражном порядке.

15.2. Арбитраж должен быть создан следующим образом:

15.2.1. Сторона, которая пожелает передать спор
на рассмотрение арбитража, должна известить об этом другую сторону заказным письмом, указав в нем имя, фамилию и адрес избранного арбитра, который может быть гражданином любой страны, а также предмет спора, дату и № контракта.

15.2.2. Другая сторона в течение трех недель с
даты получения указанного письма должна
избрать своего арбитра, который также может быть гражданином любой страны, и у-
ведомить об этом первую сторону заказным
письмом, указав в нем имя, фамилию и адрес избранного ею арбитра.

15.2.3. Если сторона, получившая извещение о передаче спора на рассмотрение арбитража,
не изберет своего арбитра в течение указанного срока, арбитр по просьбе другой
стороны назначается Председателем торговой палаты г. Стокгольма, Швеция.

15.2.4. Арбитры должны избрать суперарбитра.

15.2.5. Если арбитры в течение четырех недель после их избрания не придут к соглашению об
избрании суперарбитра, последний будет по
просьбе любой из сторон назначен Председателем торговой палаты г. Стокгольма,
Швеция.

15.3. Местопребыванием арбитража будет г. Стокгольм,
Швеция.

15.4. Арбитражное решение должно быть вынесено большинством голосов в течение шести месяцев с даты избрания или назначения суперарбитра в соответствии с условиями настоящего контракта и нор-
мами права, подлежащими применению в силу кол-
лизионной нормы права страны местонахождения
арбитража.

15.4.1. Решение арбитража должно быть мотивиро-
вано и содержать в себе указания о составе арбитража, времени и месте вынесе-

ния решения, а также указание о распределении между сторонами расходов по производству дела в арбитраже.

15.4.2. Решение арбитража является окончательным и обязательным для обеих сторон.

§16.   Прочие условия

16.1. Поставляемое оборудование должно быть укомплектовано электрооборудованием, предназначенным для переменного трехфазного тока с частотой 50 периодов. Напряжение 220/380 вольт, рабочее напряжение _____ вольт, напряжение сети управления 127 вольт, сети освещения 36 вольт.

16.2. Все надписи на оборудовании и на табличках должны быть на русском языке.

16.3. Продавец поставляет бесплатно масло для первого заполнения системы смазки оборудования.

16.4. На оборудовании должны быть предусмотрены все необходимые защитные устройства, обеспечивающие безопасную работу обслуживающего персонала.

16.5. Продавец поставит за свой счет вместе с оборудованием комплект быстроизнашивающихся частей, необходимых для бесперебойной работы оборудования в гарантийный период.

16.6.

§17.   Общие положения

17.1. Все приложения, упомянутые в настоящем контракте, являются его неотъемлемыми частями.

17.2. Изменения и дополнения настоящего контракта действительны лишь в том случае, если они совершены в письменной форме и подписаны договаривающимися сторонами.

17.3. Продавец не имеет права передавать третьим лицам исполнение настоящего контракта без письменного разрешения Покупателя.

Нарушение этого правила дает право Покупателю немедленно отступиться от контракта.

Продавец вместе с тем вправе передать изготовление отдельных частей предмета контракта субпоставщикам.

Однако и в этих случаях полную ответственность по контракту несет Продавец.

17.4. После подписания настоящего контракта все предыдущие переговоры и переписка по нему теряют силу.

§18. Юридические адреса сторон

"Покупатель" - Всесоюзное экспортно-импортное объединение _____
_____

"Продавец" - _____
_____
_____

Настоящий контракт подписан
в г. _____
_____ 198 г.
в двух экземплярах на русском и английском языках, по одному экземпляру для каждой стороны, причем оба текста имеют одинаковую силу, и содержит вместе с приложениями _____ страниц.

Контракт вступает в силу с даты его подписания.

Покупатель: _____

Продавец: _____

А

авансовый платёж	down payment
авиабаза	air base
авиалиния	airline
авианакладная	Airway Bill
авиа-почтой	by airmail
авиаприцел	bomb-sights
авиационная промышленность	aviation industry
авиация	aviation
автокар	motorized cart, fork lift
автомат	automatic machine
автоматизация	automation
автоматизированный	automated
автопромышленность	auto industry
агент	agent
агрегат	assembly, unit, device
агро-химический	agri-chemical
администрация	administration
адрес	address
адресованный	addressed
аккредитив	letter of credit
акт	act, document, report
акт приёма	report of acceptance
активный	active, intensive
альтернативный	alternative
американский	American
анализ	analysis
аналогичный	analogous
Англия	England
анкерный	anchor
аннулировать	to annul
аннуляция	annulment
антикоррозийный	anti-corrosive
аппарат	apparatus, device
арбитр	arbitrator, arbiter
арбитраж	arbitration
в арбиртажном порядке	in arbitration
ассигновать в бюджете	to budget
ассоциация	association
аудитория	audience, auditorium
аэродром	runways, as well as aircraft directional and maintenance facilities
аэродромная диспетчерская служба	terminal control capability
аэродромная радиолокаторы захода	terminal approach radar

213

Б

базовый	base
баланс	balance
банковский	banking
барьер	barrier
безалкогольный	non-alchoholic
безвозмездный	free of charge
безопасность	safety
безопасный	safety
безрезультатный	unsuccessful, fruitless
безупречный	first-rate
безусловно	without question
белковый	protein
беседа	talk
бесперебойный	regular, uninterrupted
бизнесмен	businessman
благо	(the) good
благоприятный	favorable
благосклонно	favorably
блок-диаграмма	block diagram
боковой	lateral, flank
болт	bolt
большинство	majority
большой	large
борт	side, board(of a ship)
бортовой	on board
бортовые метеорадиолока-торы	airborne weather radar systems
Брайтон	Brighton
брус, брусья	timber, squared beam
будущий	future
буква	letter(of the alphabet)
бухгалтерия	accounting
быстроизнашивающийся	short-lived
быть в курсе	to be in the know

В

В/О Совинфлот	V/O Sovinflot
валовой	gross
валюта	hard currency
валютное напряжение	hard currency shortage
валютный	hard currency
вблизи	near by, not far
введение в действие	making operational
ввод в эксплуатацию	putting into operation
ввозить	to import
ведать	to manage, be in charge of, to know
ведающий	having jurisdiction

ведение	conducting, holding
ведомство	department
ведущий	conducting, leading
вексель	promissory note
Великобритания	Great Britain
великолепно	splendidly, acutely, very
величина	magnitude
вернуть	to return
вероятно	probably
вероятность	probability
верх	top
верхний	upper
вес	weight
вес брутто	gross weight
вес нетто	net weight
весом	by weight, weighing
вестись	to be conducted, carried out
весьма	completely
взаимный	mutual
взамен	in exchange for
взлётно-посадочная полоса (ВПП)	runway
взыскать	to claim, seek
вид	form, aspect, type, sort
визит	visit
визуальный	visual
визуальный индикатор посадочной глиссады	visual approach slope indicator
визуальные средства захода	visual approach aids
вилка	fork
вина	fault
вице-президент	vice-president
вклад	contribution
вкладываться, вложиться	to be packed in
включать, включить	to include
включён	included
власти	authorities
влечь	to draw, attract
вмонтированный	mounted
внедрён	incorporated
внедрение	inculcation, integration
внесён	made, entered
внесение	insertion
внесение модификаций	modifying
внешнеторговый	foreign trade
внешнеэкономический	foreign economic
внешняя торговля	foreign trade
Внешторгбанк (Внешне-торговый банк)	Foreign Trade Bank
внимание	attention

внутренные трассы	cross-country routes
внутренный	inside
внутри	inside
внутригородской транспорт	local transportation
вовсе	at all
водный	water, sea
водонепроницаемый	water-proof
военновоздушные силы	air force
возврат	return
возглавлять	to head
воздушное пространство	airspace
воздушный	air
воздушные пути сообщения	aviation routes
возложен	placed on
возместить	to compensate, reimburse
возмещение	reimbursement
возможность	possibility, opportunity
возможный	possible
вознагражден	rewarded
вознаграждение	reward
возникать, возникнуть	to arise
возникший	arising
возобновить	to resume
возражать	to object
возрасти	to increase
войти в силу	to go into effect
вольт	volt
вооружённый	armed
вопрос	question
воспользоваться	to take advantage
воспринят	taken
восток	east
впервые	for the first time
впечатление	impression
вписываться	to be entered, to fit into
вполне	completely, fully
вправе	entitled, to have right
врасплох	flat-footed, unawares
вращающийся	rotating
во время	during
всё же	never-the-less
всего лишь	as recently as (in context)
всеобщий	general
всесоюзный	all-union, comparable to federal in the U.S. system
вследствие	as a result
вспомогательные средства	support facilities
вспомогательный	ancillary
вставить	to insert
встреча	meeting
встречать	to meet, encounter

всякий	all, every any
въездной	entry
выбор	choice
выборы	election
вывод	conclusion
выводить из равновесия	to throw off, rattle
вывоз	export
вывозить	to export
выгод	advantage
выгодный	advantageous, profitable
выданный	issued
выдать	to issue
выдача	issuance
выдвинутный	advanced
выделен	designated
выжимание	extraction
вызванный	summoned, caused
вызвать	to cause, to summon
вызов	call
выиграть	to win
выложить	to spend, lay out
выматывание	exhausting, wearing out
вынесен	carried out, executed
выносить решение	to render a decision
выпадающий	falling out
выпивки	drinks
выписанный	issued, written out
выполнение	fulfillment
выполнять	to fulfill
выполняться	to be fulfilled, executed
выпускаемый	being produced
выпускать	to turn out
выработан	worked out
выработать	to work out
выразить	to express
высказать	to express, state
высказаться	to have ones say
высокий	high(elevation and prices)
высококачественный	high-quality
высокопоставленный	highly placed
высокоскоростной	high-speed
высота	height
выставка	exhibition
выставочный экспонат	display at an exhibition
выступление	appearance
высылать, выслать	to send out
выстроен	constructed
вытекающий	arising
вычет	deduction
за вычетом	less, minus

вычислительная машина	computer
вычислительный	computer
вычислительный центр, управляющий воздушным движением по всей стране	nation-wide computer routing system
вышеприведённый	above mentioned
вышеупомянутый	above mentioned
выявляться, выявиться	to be revealed
выяснение	identification
выяснить	to clarify
выяснить личные качества	to size up as a person
Вьетнам	Viet Nam

Г

габарит	size, dimension, clearance
габаритный	clearance, dimensional
гарантийное письмо	Letter of Guarantee
гарантийный	guaranteed
гарантировать	to guarantee
гарантия	guarantee
где бы то ни было	anywhere else
где-нибудь	anywhere, somewhere
гейша	geisha
генеральный	general
геологический	geologic
гибель	downfall, perishing
гидравлический	hydraulic
главным образом	principally, mainly
гладко	smoothly
глуп	stupid
говорящий	who speaks
годовой	yearly
голос	voice, vote
горизонтально	horizontally
гостеприимный	hospitable
гостиница	hotel
государственный	state, government
Государственный комитет Совета Министров СССР по науке и технике	State Committee on Science and Technology
готов	ready, prepared
готовность	readiness
завод в полной готовности к эксплуатации	turnkey plant
гражданин	citizen
гражданский	civil
груз	freight
грузовая автомашина	truck

давление	pressure
дальнейший	herein after
данные	facts, data
данный	given, specific
дата	date
дата появления претензии	date of claim
движение	traffic
действие	activity
действительный	valid, real, authentic
действовать	to act, be in effect
действующий	valid, in force
делать намёки	to hint
делегация	delegation
деловой	business
денежный	monetary
деньги	money
департамент	department
депозит	deposit
депрессия	depression
деревянный	wooden
дессертный	dessert
десятки	tens "dozens"
деталь	detail, part, component
дефект	defect
дефектный	defective
дефицит	deficit
деятельность	activity, work, operation
диапазон	range
динамический	dynamic
директив	directive
директор	director
дискуссия	discussion
диспетчер	controller
длина	length
длиномерный	over-length
длительность	duration
длительный	long, lengthy, drawn-out
длиться	to last
добиться	to achieve
доброкачественный	high-quality
доверие	trust
доверить	to trust
довольно-таки	fairly, pretty
договорённость	condition of agreement
договориться	to agree
доказательство	proof
доковый	dock
документ	document
документация	documentation

долговечность	durability
долгосрочный	longterm
должен	must, should
должностный	official
доллар США	U.S. dollar
дольше	longer
доля	part, portion
дополнение	addition
дополнительный	supplementary, additional
допускаться	to be permitted
допустимый	permissible
дорогой	expensive
дорогостоящий	expensive
дороже	more expensive
доска	board
доски обшивки ящиков	case planking
доставить	to deliver to
достаточный	sufficient
достижение	achievement, achieving
достижение показателей	attainment of parameters
достичь	to reach, achieve
достойный	deserving
доступный	reached
дореволюционный	prerevolutionary
доступ	access
доход	income
дробное число	fraction
другой	other, different
дружба	friendship
дружелюбный	friendly
дублирующий	duplicate
дух	air, atmosphere, spirit

Е

единица	unit
единогласно	unanimously
единодушный	unanimous
единственный	only
ежегодно	annually
ежедневно	daily
ёмкостью	of the capacity
ещё и потому что	moreover, because

Ж

жаркий	hot
желать	to wish, desire
желающий	desiring
железная дорога	railroad
железнодорожная накладная	Railway Bill

забота	care, concern, trouble
забракованный	rejected
заверение	assurance
заверить	to assure
завершён	finished
завершить	to complete
(в) зависимости (от)	depending on
зависящий	depending
завод	plant, factory
завод в полной готовности к эксплуатации	turn-key plant
заводской, заводский	production, factory, plant, works
заводской номер	serial number
завоевать	to win
заготовка	worked piece, blank, partially finished piece
задача	assignment
задержка	delay
заём	loan
заинтересованный	interested
заказ	order
заказной	by registered mail
заказчик	end-user, customer, client
заключаться в	to consist of
заключение	conclusion
заключительный	final
заключить сделку	to conclude, make a deal
закон	law
законная сила	legal force
закончен	finished
закупаемый	being purchased
закупка	purchase
закупочный	purchasing
замена	exchange
заменённый	replaced
заменить	to exchange, replace
замер	measurement
заместитель	deputy, substitute
заметить	to notice, note
заметки	notes
занимать	to occupy
заниматься	to work at
заняться	to undertake
запад	west
запасные части	spare parts
запасный, запасной	spare
запись	writing down, notation
запланированные рейсы	scheduled flights

запрет	ban
запроектирование	designing
запрос	need, request
запуск	start-up
запутанный	confusing
запчасти	spare parts
заранее	earlier
зарегистрированный	filed
зарубежный	foreign
заручиться	to secure
застой	stagnation
засыл	sending, dispatch
затем	after that, in turn, then
затрачен	expended
затруднение	difficulty
затруднять	to trouble, hamper
затягивание	drawing out, lengthening
затягиваться	to go on, last
затяжный	long and drawn out
захват	gripping, grappling
захватить	to take over
защищающий	protecting
заявка	proposal
заявление	statement, declaration
заявлять	to declare, state
здравохранение	health
здание	building
землетресение	earthquake
зерно	grain
зима	winter
знак	sign
знаменатель	denominator

И

игнорирование	ignoring
идея	idea
иерархия	hierarchy
избежать	to avoid
избиратели	electorate
избрание	selection
избранный	selected
избрать	to select
известный	well known
извещать, известить	to notify, inform
извещение	notification
извлечь прибыль	to make a profit
изготовить	to fabricate
изготовлен	made, produced, finished
изготовление	manufacture, preparation
издание	edition, publication

изделие	manufactured good, product
издержки	expenses
излагать	to lay out, set forth
излагающий	setting forth
изложен	set out
изложение	presentation
изменение	change
изменить	to change
изношенный	worn out
изнурить	to wear down
изобретение	invention
именно	precisely
именуемый	named
иметь ввиду	to have in mind
иметь дело с	to do business with
иметь место	to take place, occur
имеющийся	available
(на)имя,(от)имени	in the name
импортёр	importer
импортный	import

импульсные приёмо-пере-
  датчики(на самолётах)
	radio transponders, air-
	  craft transponders

индекс	index
индекс изменения цен	price movement index, price level
индикатор	indicator
инженер	engineer
инженерный	engineer
инициалы	initials
инкассо	encashment
(на) инкассо	for payment
инкассовое поручение	remittance letter
инкрементный	incremental
иногда	sometimes
Ингосстрах	Ingosstrax, State Directo- rate for Insurance
иной	another
иностранный	foreign
инспектирование	inspection
инспектор	inspector
инстанция	stage, level of command
инструктаж	instructions
инструкция	instructions
интегральный	integrated
интенсивность движения	volume of traffic
интерес	interest
интерфейс	interface
информация	information
информирован	informed
искать	to seek
исключение	exception

искусный	experienced
искусство	art, skill
искушённый	sophisticated
инспектор	inspector
исполнение	execution
исполнительный	executive
использован	used
использование	use, utilization
использовать	to use, take advantage of
использоваться	to be used
исправлен	revised
исправление	repairing, amendment
исправляться, исправиться	to correct, repair
испытан	tested
испытание	testing, inspection
испытанный	tested
испытательный	test
истекать	to expire
истечение срока	expiration of date
истинный	real
источник	source
исход	outcome
исчезнуть	to disappear
исчерпывающая заявка	comprehensive bid
исчисление	calculation

К

кг (килограмм)	kilogram
КПСС (Коммунистическая партия Советского Союза)	Communist Party of the Soviet Union
к тому же	additionally
кабинет	office
кадры	(in plural) personnel, specialists
каждый	each, every
казаться	to seem
как можно скорее	as soon as possible
какого чёрта	why in the hell
календарный	calendar
КАМАЗ (Камский автопроизводительный завод)	Kama River Truck Factory
кампания	campaign
камский	Kama
канал	conduit, channel
кандидатура	nomination, candidacy
кантовать	turn over
канцелярия	business office
капитал	capital
капиталист	capitalist

224

капиталистические страны	Western countries
капитанский	captain's
картон	poster board
касаться	to touch upon, relate to
касса	fund, bank
катастрофа	catastrophe
качественный	qualitative
качество	quality
(в) качестве	by virtue of, in the role of
квалифицированный	qualified
квартал	quarter
кинематический	kinematic
классифицировать	to classify
клиент	client
климат	climate
клуб	club
ключевой	key
ковкий чугун	malleable iron
код	code
каличественный	quantitative
каличество	quantity
коллективный	collective
коллизионные нормы	provisions of conflict
комиссионное вознаграж-дение	commission payment
комиссия	commission
комитет	committee
коммерсант	businessman
коммерческий	commercial
компания	company
компенсационный	compensation
компенсирующий	compensating
компетентность	competence
компетентный	competent
компетенция	competence
комплект	set(of parts)
комплектация	complete scope of supply
комплектно	completely
комплектность	completeness
комплектный	complete
компьютерная регистрация маршрутов	computer flight-plan filing
компьютерный	computer(of foreign origin)
конверт	envelope
конвертируемый	convertible
конгламерат	conglomerate
конгресс	congress
конкретизировать	to give specifics of
конкретно	concretely

конкурентноспособность	competitiveness
конкурентный	competitive
конкуренция	competition (negative connotation)
конкурсный	competing
коносамéнт	bill of lading
консервация	conservation, preservation
консорциум	consortium
конструктивный	construction, engineering
конструктор	designer
конструкция	construction
консультант	consultant
контакт	contact
контора	office
контракт	contract
контрзакупка	counter purchase
контрольный персонал	quality control personnel
контрторговля	countertrade
конференц-зал	conference hall
конференция	conference
концентрат	concentrate
концентрировать	to concentrate
конъюнктура	market analysis
конъюнктурный	(free) market
координата	coordinate
координация услуг УВД	ATC coordination services
копия	copy
корпорация	corporation
корректировка	correction, adjustment
корреспондент	newsman
корреспондентский	correspondent
коррозия	corrosion
косвенно	indirectly
который	which
кофеин	caffeine
кофеиновый	caffeine
кража	theft
кран	crane
крановый	crane
краска	paint
краткосрочный	short-term
кратчайший	shortest possible
кредит	credit
кредитный	credit
крепление	fastening
круглосуточный	around-the-clock
кубатура	cubic measurements
кубический фут (куб. фут)	cubic foot
купить, покупать	to buy
купля	buying, purchase
курс валюты	rate of exchange

Л

лгать	to lie
лёгкий	light
лесоматериал	timber, lumber
лётная полоса	runway
лето	summer
либо	or
линейный	line, linear
линия производства форм	mold line
лист	sheet, slip
литейная форма	mold-line, metal casting
литейный	foundry
литейный цех	iron foundry
литьё	foundry
лихтировка	lighterage(cost of transfer from wharf to ship not tied up to dock)
личный	private
лишать	to deprive
лицензия	license
лоббист	lobbyist
ловкий	shrewd, adroit, cunning
ложка	spoon
лом	scrap
лучший	better
любой	any

М

мм. (миллиметр)	mm.(millimeter)
Мак Тракс	Mack Trucks
максимально	maximally
максимальный	maximal
малоквалифицированный	semi-skilled
маловероятный	unlikely
манёвр	manoeuvre
манифест	manifest(invoice of ship's cargo, to be exhibited at customs house)
марка	make, brand
маркироваться	to be marked
маркировка	marking
маршрут полёта	flight plan
маршрутное и аэродромное сопровождение при подходе	enroute and terminal approach radar services
маршрутный	enroute
масло	oil, grease
мастерство	proficiency
масштаб	scale

материал	material
материальное право	substantive law
машина	machine, automobile
машиностроение	mechanical engineering
маяк	beacon
международный	international
мелкий	minor
меньший	lesser
мера	measure
мёртвый фрахт	dead freight (cannot be moved)
место	place, package, piece
место изготовления	point of origin
место-пребывание	place of residence
металлический	metal, metallic
Металлургимпорт	Metallurgimport
метод	method
методика	procedures
методика эксплуатации	operating techniques
метрический	metric
механизированный	mechanized
механизм	mechanism
минимальный	minimal
минимум	minimum
министерство	ministry, department
министр	minister
министр иностранных дел	Secretary of State
минуя (миновать)	bypassing
мир	world
мировой	world
Мичиган	Michigan
многий	many
многократно	repeatedly
модель	model
модернизирован	up-dated
модный	fashionable
может быть	maybe, perhaps
момент	moment, point, item
момент отсылки	dispatch date
монополия	monopoly
монопольно	exclusively
монтаж	assembly, installation
морская миля	nautical mile (knot)
морской	sea, ocean, seaworthy
мотивированный	justified
мочь	to be able, can
мощность	capacity

Н

наблюдать за	to supervise

набор	set
набрать	to assemble
навести справки	to make inquiries
навигационные средства	navigational aids
наводнение	flood
нагрузка	load
при нагрузке составляющей 75% всей мощности	at 75% capacity
надёжная работа	fail-safe operation
надёжность	reliability, safety
надёжный	safe
надеяться	to hope
надлежащий	sufficient
надлежит	it is necessary
надоесть	to be sick of
надпись	caption, inscription
название	name
наземная радиолокация	ground radar
наземные радиолокаторы	ground control radar
назначаться	to be named, designated
назначение	destination, designation
назначением: советский порт	destination: Soviet port
назревать	to become imminent
называться	to be called
наивен	naive
наименование	naming, list of names
найвыший	highest
накладная	invoice, way-bill
наличие	presence, availability
(при)наличии	given
налог	tax, levy
наложенным платежом	C.O.D.(cash on delivery)
намерение	intention
намеченный	named, stipulated, designated, projected, planned
нанесён	drawn, plotted, marked
наносить маркировку с четырёх сторон	to mark on four sides
наноситься, нанестись	to mark, be drawn on
напомнить	to remind
направлением	with a destination
направленный	sent
напрасный	wasted, vain
напряжение	voltage
напряжённый	intense
нарекание	criticism
народ	people, nation
наружный	external, outside
нарушение	infringement, breach
населённый	populated

настаивать	to insist
настоятельно	insistently
настоящий	present
наступление	campaign, inception, beginning
наука	science
научиться	to master
научно-исследовательский	scientific research
находиться	to be found
нахождение	location
национальная ассоциация	National Association (vs. state banks)
национальный	national
начало	beginning
начальник	head
начинать	to begin
начислить	to add to (account)
небрежность	carelessness
небрежный	casual
невелик	small
невозможность	impossibility
невыполнение	non-fulfillment
негабаритный	outsized
недействителен	invalid
недостаток	short-coming
недостаточный	insufficient
недоумение	perplexity
нежелание	reluctance
нежели	than
независимо	independently, irrespective
незамедлительно	immediately
незаменимость	indispensability
неизвещение	failure to notify
нейтральный	neutral
некачественный	inadequate, inferior
неквалифицированный	unskilled
некомплектный	incomplete
некоторый	some, certain
нелепый	foolish
нельзя	it is impossible
немедленно	immediately
ненадлежащий	insufficient, inappropriate
необратимость	inconvertibility
необходимость	necessity
при необходимости	when necessary, required
в случае необходимости	if necessary
необходимый	essential
необычайный	unusual
неожиданный	unexpected
неоправданный	unjustified
неотъемлемый	integral
неофициальный	unofficial

неполноценный	inferior
неполный	incomplete
непоследовательный	inconsistent
непосредственный	direct
непохож	does not resemble
неправильный	incorrect
непреодолимые силы	insuperable forces (Force Majeure)
нервничать	to be nervous
нержавеющая сталь	stainless steel
нержавеющий	non-corrosive
несвоевременный	untimely, late
несговорчивый	intractable, tough
несмываемый	indelible
нести издержки	to bear expenses
нести ответственность перед	to be responsible to
нести расходы	to bear expenses
нетерпящий	not permitting
неустойка	penalty
неустранимый	uncorrectable
нехватка	shortage, lack, inadequacy
ни в коем случае	in no case
ни при каких обстоятельствах	under no circumstances
нижеследующий	following
нижеуказанный	indicated below
низкий	low
низший	lower
новичок	novice
нож	knife
номенклатура	list, schedule, catalogue
номер	(hotel) room
норма	norm, standard, rule
нормальный	normal
ноу-хау	know-how
нужды	needs, requirements
нумероваться	to be numbered

О

ОСВ (Ограничение стратегических вооружений)	SALT (Strategic Arms Limitations Talks)
обезоруживать	to disarm
обеспечен	provided
обеспечивать, обеспечить	to ensure, guarantee, to provide for
обеспечиваться	to be supplied
обзор	survey
обивка	upholstering
обиход	use

231

обладать	to control, command
область	area
облегчить	to facilitate
обнаруженный	discovered, disclosed
обобщённое понятие	generalization
обозначать	to signify, to designate
оборона	defense
оборонная промышленность	defense industry
оборудован	equipped
оборудование	equipment
обработанный	processed
обработка	processing
образ	manner
образец	sample, example, model
образцовый	exemplary
"обратная закупка"	buy-back (not yet a generally accepted term in Russian)
обращаться	apply, appeal, resort
обращение	attention, handling
обслуживание	service, maintenance
обстановка	environment, situation
обстоятельства	conditions
обсуждение	discussion
обученный	trained
обучившись	having learned
обучить	to train
обходиться	to cost, to manage (get by)
обшивка	facing
обширный	comprehensive, extensive
общее число	total number
общепринят	generally accepted
общий	general, total
(в) общем	in general
общие суды	courts of law
объединение	association
объединённый режим радар- ного управления заход- ом на посадку (ОРРУЗП)	integrated mode approach control radar (IMACR)
объём	volume, size
объявить	to announce
объявить конкурс заявок	to solicit bids
обычно	usually
обязанность	obligation
обязательный	obligatory, binding
обязательства по обслу- живанию	service obligations, re- quirements
обязательство	obligation
обязываться, обязаться обязывается обязуется	to undertake, obligate oneself
огласка	publicity

огни боковой кромки ВПП	runway border lights
огни осевой линии ВПП	runway center-line lights
огни рулёжной полосы	taxi-way lights
оговорённый	agreed upon, stipulated, predetermined
оговорка	clause
ограниченный	restricted, limited
огромный	huge
одинаковый	equal, identical
одни	some
одновременно	simultaneously
одобрение	approval
одобренный	approved
одобрять	to approve
ожидание	expectation
ожидать	to expect
озабоченность	concern
озадачен	mystified
ознакомиться	to acquaint oneself
оказывать, оказать	to render
оказывать влияние	to exert influence
оказывать содействие	to render assistance, co-operate
оказаться	to turn out, prove to be
окончательный	final
окружение	surroundings
окупаться	to pay off, be justified
опасаться	to be afraid of, avoid
опасен	dangerous
опасность	danger
оперативный	operation(s), operational
оператор	operator
операция	operation
описание	description
оплата	payment, paying
оплачивать, оплатить	to pay for
оповестить	to notify
опоздание	lateness, tardiness, delay
определение	delineation, specification
определённый	specified
определяться	to be determined
определяющий	which determines
оптовый	wholesale
опцион	option
опыт	experience, experiment
опытный	experienced
организационный	organizational
организация	organization
организоваться	to be organized
оригинал	original
ориентировочный	position-finding

осведомиться	to become informed, ascertain
осведомлённый	informed
освобождать	to free
ослабляться	to weaken, wane
осмотр	inspecting
оснастка	rigging, fitting
оснастка для станков	tooling
оснащение	fitting, equipping
оснащённый	equipped
основание	basis, foundation
основанный	based
основной	basic, fundamental
основы проектирования	design considerations
основываться	to be based
оставляться, оставаться	to stay, remain
остальной	remaining
осторожно	carefully
осуществить	to accomplish, realize
осуществлённый	implemented, executed
осуществляться, осуществиться	to implement, bring about
осуществляться управление	to manage
ответственность	liability, responsibility
"С ответственностью за частную фварию"	"Responsibility for Particular Average"
ответственный за	responsible for, answerable
отвечать требованиям	to meet requirements
отгружаемый	shipped
отгружаться	to be shipped
отгрузка	shipment
отгрузочный	shipping
отдавать себе отчёт	to acknowledge, realize
отдел	department, branch
отделение	department, section
в отдельности	taken separately
отдельный	individual
отказаться	to refuse, reject
откладываться	to put off
отклик	response
отклонён	rejected
открытый	open, exposed
отладка	setting up
отличаться	to differ
в отличие	in contrast
отмена	abrogation
отмечать	to point out, to note
отнесение расходов на	charging of expenses to
отнести на счёт	to be charged
отнестись благосклонно	evaluate favorably
относительно	relative to, regarding

отношение	relation, relationship
отодвигаться	to be postponed, extended
отозван	revoked
отплытие	sailing
отправитель	shipper
отправить	to send
отправиться	to proceed
отправка	shipment, forwarding
отправление	shipping, shipment
отправленный	sent
отражать	to reflect
отремонтирован	renovated
отсрочка	delay
отстаивающий	standing up for, defending
отстранён	eliminated
отсутствие	absence
отход	waste
отчёт	report
официальный	official
охватывать, охватить	to involve, encompass
охлаждающий жидкость	coolant
охлаждение	cooling
оценка	evaluation
очевидно	apparently
очередной	recurrent, next
очерёдность пунктов отве-чает их значимости	they are arranged in order of importance
ощущаться	to sense
ощутим	real, perceptible

П

параграф	paragraph
параметр	parameter
партнёр	partner
патент	patent
Пенсильвания	Pennsylvania
первоклассный	first class
первоначальный	initial, first
первоочерёдный	high-priority
первый	first
перебираться	to move
перевод	translation
переводчик	translator
перевозка	transportation, shipping, transport
перевозящий	transporting
переговоры	negotiations
перегруженность	over-taxed
перегруженный аэропорт	heavy-use airport
перегрузка	transshipment, transfer

перегрузочный	handling, transferring
передан	submitted
переданный	transmitted, submitted
передача	transmission, transfer, broadcast, submission
передовой	advanced
переменный трёхфазный ток с частотой 50 периодов	A.C. 3-phase 50 cycles current
перемещение	placing, transfer, change of location, travel
перенос	conveying
переписка	correspondence
переправить	to channel, forward
пересмотреть	to revise
переход	passing, placing
переходить	to pass
перечень	list
перечень данных	fact sheet
перечилить	to credit, enter
персонал	personnel
перспектива	prospect
пилот	pilot
письменный	written
письмо	letter
Питсбург	Pittsburgh
пишущая машинка	typewriter
пищевой	food
плавильный	melting
плановый	planning
пластинка	plate
платёж	payment
платёжный	payment
плохой	bad, poor
площадка	site, lot, location
пневматический	pneumatic
по данному типу	of the given type, kind
по истечении	on expiration
по премиальной системе	by an incentive system
по поводу	as regards, concerning, apropos
по сравнению с	in comparison with
по усмотрению	at the discretion
побездельничать	to loaf
побольше	a little more
побуждение	motivation, stimulus
поверхность	surface
повидаться	to see, visit with
повидимому	apparently
повлечь	to entail
повлиять	to influence
повреждение	damage, harm

повторение	repetition
повторный	repeat
погашение	payback
пограничный	border
погрузка	loading
погрузочно-разгрузочный	handling, loading
подавляющая часть	vast majority
погибнуть	to perish
поданный	submitted
подать заявку на контракт	to tender, make offer
подача	submission
подвергаться	to undergo, be subjected
подвести итог	to summarize
подвижной состав	rolling stock(rail road)
подготовиться	to prepare oneself
подготовка	preparation
подготовка кадров	personnel training
подготовлен	prepared
поддерживать	to maintain
подлежать	to be liable to, subject to
подобно	similar
подозревать	to suspect
подписание	signing
подписанный	signed
подписывать, подписать	to sign
само собой подразумевается	by definition
подробный	detailed
подряд	contract
подсудность	jurisdiction, recourse
подсчёт	estimate
подтверждать, подтвердить	to confirm
подтвердить к провозу	to confirm transport
подтверждающий	confirming
подтверждён	confirmed
подтверждение	confirmation
подходящий	suitable
подчёркивание	emphasizing
подчинение	subordination
подшипник	bearing
поездка	trip
пожар	fire
пожелать	to desire, wish
позаимствовать	to adopt
позволить	to permit
позднее, позже	later
позиция	position, item
показатель	indicator, parameter, index
показаться	to seem

покрыт	covered
покупаемый	being bought
покупатель	buyer
покупать, купить	to buy
покупка	purchase
полагаться на	to rely upon
полдюжины	half-a-dozen
полагать	to rely
полезный	useful
полис	policy(insurance)
политика	policy
политический	political
полномочие	authority, power
полностью	fully
полнота	fullness, completeness
полный	full
положение	position
поломка	breakage
полоса	stripe, band
получатель	consignee
полученный	received
получение	receiving
получить	to receive, get
пользоваться	to use, make use of
в пользу	in favor of
пользующийся	enjoying, having
помещён	placed
помещение	premises, interior, space
помимо	besides
помочь	to help
помощь	help
понадобиться	to require, need, to become necessary
понесённый	suffered, borne
понести	to bear
пониматься	to be understood
поощрять	to encourage
попадать	to get to
попасться	to fall for
популярный	popular
попытаться	to try, attempt
порт	port
портовый	port
поручение	authorization
поручить	to entrust
порча	spoilage, injury
порядковый номер	ordinal number
посетить	to visit
поскольку	in as much
послан	sent
послать	to send

последний	last, latest, the latter
последовать	to follow
последующий	subsequent
поставить под угрозу	to jeopardize
поставка	delivery
поставленный	delivered
поставляться	to be delivered
поставщик	supplier
постоянно	continuously
постоянный	constant
построение	structure
поступать	to be received
поступать так же	to behave in the same way
поступление	entering, receipt
потенциальный	potential
потеря	loss, waste
потребитель	user, consumer
потребительский	consumer
потребляемый	consuming
потребовать	to demand
похож	similar
почва	soil
почта	mail, post office
пошлина	duty, customs
появление	submission
правильный	proper, correct
правило	rule
правление	board, management
право	right, law
правомочный	competent
практически	actually
пребывание	stay, period of residence
превалирующий	prevailing
превратить	to transform, turn into
превышать	to exceed in size
превышающий	exceeding
предан	devoted
предварительный	preliminary
предел	limit
предел использования	limitation
предлагаемый	proposed, intended
предложение	proposal, proposition
предложение с ценой	bid
предложенный	proposed
предложить	to propose
предмет	object, article, subject
предназначаться	to be intended for
предназначенный	designated
предоставлять, предоставить	to provide
предоставляемый	supplied

239

предполагаемый	anticipated, intended, purposed
предполагать	to suppose
предпочитать	to prefer
предпочтителен	preferable
предприятие	undertaking, enterprise
председатель	chairman, president
представитель	representative
представительство	company office
представиться возможность	to have opportunity
представление	presentation
представлять, представить	to submit, represent
предугадать	to predict
предупредить	to notify, warn
предусматривать	to stipulate, foresee
предусмотренный	foreseen
предъявлен	make, submitted
предъявлять	to present
предыдущий	previous
президент	president
преимущество	advantage
прекратить	to stop
прекращение	cessation
премиальная система	incentive system
преобладать	to surpass
препятствие	obstruction
пресный	fresh, unsalted
пресс	press, punch
пресс для проката тяжёлого металла	heavy metal press
пресса	press(news media)
претендовать на получение контракта	to bid on a contract
претензия	claim
прецизионное стальное литьё	precision steel casting
при	while, during, when
прибегать, пребегнуть	to resort to
прибиваемый	nailed
приближение	approach
прибор	device, instruments
прибыль	profit
прибыльный	profitable
прибытие	arrival
прибыть	to arrive(vehicle)
привариваемый	welded
привлечение в качестве партнёра	participation
привлечь	to entice

приглашать	to invite
приглашение	invitation
придать	give, impart, add
приём, приёмка	acceptance
приемлемый	acceptable, reasonable
приёмник	receiver
приёмочный	acceptance
признавать, признать	to recognize, admit
прикладывать, приложить	to attach
прикреплённый	attached
прикрепляться, прикре-питься	to be fixed, attached
приложение	appendix
приманка	bait
применение	application
применительно к	in conformity with, as applied to
применяемый материал	material utilized
применяться	to be used, applied
принадлежащий	belonging
принадлежности	supplies(in plural)
принимать	to accept, receive
принимать участие	to take part
принципиальный	principle
принят	accepted
принято, чтобы	customarily
принять во внимание	to take into consideration
принять меры	to take steps
принять решение	make a decision
приобрести	to obtain, acquire
приобретаемый	being acquired
приобретать	to acquire
приобретение	acquisition
приостановлен	stopped
приспособленный	suitable, rigged
приспособляемый	adaptable
пристань	dock,wharf
присутствие	presence
присутствовать	to be present
присущий	characteristic
приток	inflow
приходиться	to happen to, fall within
причал	mooring, moorage
причём	moreover, while, and
причина	reason
причинённый	caused
причитающийся	due, owed
приятельский	friendly
проба	trial, test
проблема	problem
проведение срока поставки	change of delivery date

проверить	to verify, check
проверка	test, check, examination
провести осмотр	to inspect
проводимый	carried out
проводить испытание	to conduct a test
проводиться, провестись	to be conducted (negotiations)
провоз	carriage, conveyance, transport
программа	program, schedule
программы системы	soft-ware (computer)
продавать, продать	to sell
продавец	seller
продажа	sale
продажный	sales
проданный	sold
продемонстрированный	demonstrated
продлеваться	to be extended
продлён	granted, extended
продление	extension of time
продолжаться	to continue
продолжительность	duration
проект	draft, project, design
проектировщик	planner
проектное решение	design solution
проектный	design
проекция	projection
произведён	produced, made, effected
произвести впечатление	to create an impression
производитель	manufacturer
производительность	production capacity
производить, произвести	to produce
производить проверку	to make a check, test
производиться	to be effected, carried out, made
производство	production
происходить	to take place
происхождение	origin
прокат	rolling
прокладывать	to plot
прокладывающие функции	plotting functions
проконсультироваться	to consult
промедление	delay
промышленно	industrially
промышленность	industry
промышленный	industrial
проницательный	insightful
прописью	in words, in full
пропорциален	proportional
просить	to request
просрочка	delay
простой	simple
простой судна	demurrage
против	against

противник	opponent
противоположный	opposite
противоракетный	anti-missile
противоречие	conflict, dispute
противосамолётный	anti-aircraft
протокол	statement, report
процедура	procedure
процент	interest
процесс	process
прочий	other
прочность	rigidity, durability
прошедший	having passed, undergone
проявляемый	manifested
проявляться	to manifest
прямо	directly
прямой	direct
прямолинейный	straight forward
прямо-таки	really
публикуемый	being published
публичный	public
пульт	control panel
пункт	point, item
пуск в эксплуатацию	start-up
пустой	blank, empty
путём	by means of
путь	way, means
в пути	in transit
пытаться, попытаться	to try, attempt
пятилетка	5-year plan
пятнадцатимесячный	15-month

Р

работа	work
работник	worker, employee
рабочие руки	labor
рабочий	work
рабочий день	working day
разбираться	to understand
развитый	developed
раздел	section, module
разделён	divided
разделять	to share
радиолокатор	radar
радиолокаторный развёртки	radar sweeps
радиолокационные экспонаты УВД	ATC displays
радионавигационная аппаратура	radio navaid
радионавигационные устройства	radio navaids

радионавигация	radio navigation
радиосвязь	radio communications
радиус	radius
размер	amount,rate, size,dimension
разместить	to accomodate, quarter
размещённый	located
разница	difference
разногласие	disagreement
разнообразный	diverse
разный	various, different
разработать	to work out, develop
разрешаться	to be permitted, be settled
разрешён	permitted
разрешение	permission, solution
разрешение на отгрузку	release permitting shipment
разрешить	to resolve, to permit
разрядка международной напряжённости	detente
располагать	to have available
расположен	located
расположение	location, position
распорядиться	to deal with
распоряжаться	to be at the disposal of, manage
распоряжение	disposal
распределение	allocation
распределяться	to be distributed, divided
распространение	expansion
распространяться	to be extended to
распрощаться	to bid farewell
рассматриваться	to be considered
на рассмотрение	for consideration
рассчитан	set up, calculated
рассчитывать на	to count on
растворимый	soluble
растворимый чай	instant tea
расходная печь	holding furnace
расходный	consumption
расходы	expenses
расходы идут за счёт	expenses to be borne by
расходы на инкассо	collection expenses
расходы по производству дела в арбитраже	costs of arbitration
расхождение	discrepancy
расхождение во мнениях	disagreement
расчёт	calculation, computation
расширение	broadening, expansion
расширить	to increase
реализован	realized
регулироваться	to be regulated
регулярно	regularly
резерв	reserve

результат	result
в результате	consequently
река	river
рекламный	advertising
рекомендация	recommendation
рекомендовать	to recommend
реконструкция	renovation
ремонт	repair
решаться	to determine
решение	decision, resolution
решимость	decisiveness
рис. (рисунок)	figure
риск	risk
род	kind
роль	role
роскошь	luxury
рост	growth, rise
рубль	Ruble
руководитель	manager, administrator, director
руководить	to manage, direct
руководить ходом	to monitor pace, supervise
руководство	management
руководство по обслуживанию	service manual
руководствоваться	to be guided
рулёжная полоса	taxiway
русский	Russian
ручной	hand, by hand
рынок	market
рынок сбыта	sales market, territory
ряд	series, row

С

Сº	degrees (Celsius)
"СИ"	"SI" (Systeme Internationale)
С.И.Ф. (стоимость, страхование, и фрахт)	c.i.f. (cost, insurance, and freight)
С. и Ф., стоимость и фрахт	c.& f. (cost and freight)
с учётом	taking into account
салазки	slide, slide rails
само собой разумеющийся	self evident
самолёт	airplane
самостоятельный	independent
самый	the very, right
самый искусный	most skillful
санкция	sanction
сбить	to fake out of position
сбор	collection, dues
сборка	assembly

сборочная линия	assembly line
сбыт	marketing, sales
сварка	welding
сверх	above, more than
свести	to reduce
свидетельство	certificate, evidence, testimony
свободно-конвертируемый	freely convertible
свободный	free, empty, blank
сводиться	to be restricted
своевременно	in good time, opportunely
связанный	connected, associated, tied
связать	to put in touch
связь	connection, relation, communications
связь "земля-воздух"	ground-to-air communications
связь командно-диспетчерских пунктов	control tower communications
связь с диспетчерским пунктом при посадке	control tower communications
сдача	release, putting, letting
сделать заявку	to submit bid
сделка	transaction, deal
сдержанность	reticence
сжатый воздух	compressed air
секретариат	secretariat
секретность	secrecy, security
семейный	family
сенатор	senator
сенатский	senate
серия	series
сертификат	certificate
серый чугун	grey cast iron
серьёзный	serious
силы	(labor)forces, staff, specialists
синдикат	syndicate
система мер	system of measures
система противовоздушной обороны	air defense system
система слепой посадки (ССП)	instrument landing system (ILS)
сказываться	to be revealed
скидка	discount
складский	storage
скомпрометировать себя	to compromise self
сконструирование	structuring
скоростная обработка металлов	high-speed metal fabrication
скос	tapered cut
скошенный	cut at an angle
скреплён	affixed
скреплять, скрепить	to countersign, authenticate

следовать	ought to, should
следствие	result
следующий	next, following
следующим образом	in the following manner
сложный	complex, complicated
служба	business
служебное лицо	employee
слух	rumor
случай	incident, occasion, case
в случае, если	in case of
случайный	accidental
случаться, случиться	to happen, occur
смазка	lubricating oil
смазочный	lubrication
смонтированный	assembled
смочь	to be able, manage
снабдить	to provide, furnish
снижение	lowering
снизить	to lower(i.e. prices)
снова	again
сноситься с	to communicate, deal with
собирать	to assemble
собираться	to be assembled, to get ready, to ready oneself, to be gathered
соблюзти	to keep to, stick to, comply with, observe
собственное время	your own schedule
собственность	property, ownership
собственный	ones own
совершаемый поступок	step accomplished
совершать, совершить	accomplish, carry out, perform
совершён	completed, executed
совет	council
Советский Союз	Soviet Union
совещание	meeting, conference
совместный	shared, joint, combined
совместно	jointly
современный	contemporary, modern
совсем	completely, absolutely
согласие	agreement
согласиться	to agree
согласно	in accordance with
согласование	approval, agreement
согласованный	agreed upon
соглашение	agreement
содействие	assistance, cooperation
содержавшийся	contained
содержать	to contain
создан	established, formed, developed
создать	to create

сойтись поближе	get to know better
сократить	to reduce, cut down
сомнение	doubt
соображение	consideration
сообщать	to communicate, announce
сообщение	communication
соответственно	accordingly
соответствие	correspondence, agreement
соответствовать	to conform
соответствующий	corresponding to, appropriate
соотношение	correlation
соперничество	rivalry
сопоставить	to contrast
сопровождать	to accompany
сопровождаться	to be accompanied
сопротивляться	to oppose
соразмерный	commensurate, proportionate
соревнование	competition(positive connotation)
соревноваться	to compete
сортировка	sorting
сосредоточен	concentrated
состав	staff, composition
состав арбитража	arbitration membership
составить	to draft, compose
составить протокол	make a report
составление	drawing up
составленный	executed, composed
составлять	to comprise
составляющий	constituting
составной	component
состоявшийся	which took place
состояние	condition, state
состоять из	to consist(of)
сосуд	vessel
сотни	hundreds
сотрудник	associate,employee,collaborator
сохранить за собой право	to reserve the right
сохранность	safety, preservation
сохраняя	retaining
специализированный	specialized
специалист	specialist
специальное обращение	special handling
специальный	special
спецификация	specification
специфический	specific
специфицированный	specified, itemized
список	inventory
список первоочередных задач	list of priorities
спор	argument, disagreement
спорный	disputed

способ	method
способствовать	to facilitate, assist
справочник	manual
спроектировать	to design
сравнительно	comparatively
средний	medium, middle
средняя рука	mid-level
средства диспетчерской службы аэродромов	terminal control facilities
средства наземного радио-локаторного управления	ground-control radar facilities
средства управления диспетчерской службы	terminal control facilities
средство	means,treatment,process
срок	date, time, term
срок поставки	date of delivery
срочно	quickly, spur of moment
срочный вклад	time deposit
ссылаться, сослаться	to refer, allude to
ставить	to put, place
стадия	stage
сталкивать лбами	to play off(one against another)
стандарт	standard
стандартный	standard
станкостроение	machine-tool construction
станок	machine-tool
стараться	to attempt, try
старший	senior
статический	static
статья	clause, article
стенд	bench
стенка	side, wall
в довольно значительной степени	quite a bit
стивидорный, стивидорский	stevedor
стимул	incentive, motivation
стоивший	costing
стоимость	cost, value
стоимостью	valued at
стоить	to be worth
столбец	column
столовые приборы	table flatware
столовый	table
столь	such a
сторона	side, party
страна	country
стратегия	strategy
страхование	insurance
страховать	to insure
стремиться	to strive
стремление	aspiration

строгий	strict
строительный	construction
строительство	construction
стройка	construction
строп	sling
строповка	slinging, hoisting
строящийся	under construction
структура	structure
структурный	structural
субпоставщик	subcontractor
судебный иск	litigation, suit
судно, суда (plu.)	vessel, craft
сумма	sum
общая сумма	total value
суперарбитр	chief arbitrator, umpire
по сути	in point of fact
сухой	dry, cured
сухопутный	dry-land
сучок	knot
сушка	drying
существенный	substantive
существо	essence, substance
существовать	to exist
существующий	existing
сфера	sphere, area
сформулировать	to formulate, articulate
счёт	account, invoice, bill
за счёт, на счёт	at the expense
считаться	to be considered
считать	to consider, think
считая	beginning
сыворотка	whey
сылаться	to plead, allege
сырьё	raw materials

Т

та же цена	the same price
тайна	secret
так как	since
таким образом	thus
таковой	such
тактика	tactics
таможенный	customs
танк	tank
Татарская АССР (Автономная Советская Социалистическая Республика)	Tartar Autonomous Soviet Socialist Republic
твёрдый	fixed, firm, hard
творожный	curd, cheese
текст	text

текстовой	textual
текущий	current, present
телеграф	telegraph
тележка	cart, waggon
телекс	telex
телетайп	teletype
тем не менее	never-the-less
тёплый	warm
термин	term
терпеливый	patient
территория	territory, confines
терять силу	become invalid
тесно	closely, tightly
техдокументация	technical documentation
техника	technology, engineering, devices, equipment
техническая консультация	technical advice
технологические схемы	flow charts
технические характеристики	technical specifications
техничкский	technical
технология	mfg. process, technology
течение	course(of time)
в течение	during
в течение рабочего дня	during normal working hours
тип	type
типичный	typical
типовой	model, standard
товарищеские отношения	camaraderie
товарный	product
товаровед	commodity specialist
товары	goods, commodities
товары ширпотреба	consumer goods
тогдашний	then
токарный	turning
токарный станок	lathe
толк	sense, understanding
толчок	push, incentive
тонкий	thin
тонна	ton
торговаться	to bargain
торговая делегация	trade delegation
торговец	merchant, trader
торговля	trade
Торгово-промышленная палата СССР	USSR Chamber of Commerce
торговый	business
торгпредство (торговое представительство)	trade mission
торцовый	butt-end, face
тот же объём	the same volume

точечний	spot
точно	carefully, thoroughly
точный	precise
траектория полёта	approach path
транзит	transit
транс (трансмиталь)	trans (transmittal), certi-ficate of transportation
транспорт	transport
транспортный	transport
трата	expenditure
требование	demand, requirement
требовать, потребовать	to demand
требоваться	to be required
требуемый	necessary to, required
требующий	requiring
требуя	requesting, demanding
тренажёр	training device
тренировочные помещения	training facility
трепаться	to waffle, blather
третье лицо	third party
3-x (трёх)	three
трёхчасовой	3-hour
трещина	crack
трубопровод	piping
труд	labor
труднее	more difficult
трудность	difficulty
трюм	hold of a ship
тупик	blind alley, sticking point
тщательно	"to the letter", carefully, painstakingly, thoroughly
тщательность	thoroughness
тяжеловесный	overweight
тяжесть	gravity

У

убеждённый	convinced
убедить	to convince
убедиться	to make sure, convince self
убыток	loss
убыточный	unprofitable
уведомить	to inform
увеличить	to increase
уверенно	with assurance
увязывание	linking
угол	corner
угроза	threat
удаваться, удаться	to succeed
удержание	withholding, deduction
удержать	to withhold

удерживаться	to be withheld
удобный	convenient, comfortable
удовлетворён	satisfied
удовлетворение	satisfaction
удовлетворять, удовле- творить	to satisfy
удостовериться	to make certain, certify
удостоверяющий	certifying
узел	assembly, unit
узнать	to find out, determine
указание	information, stipulation
указанный	stipulated, pointed out
указать	to point out, show
указывающий	which shows, indicating
укладка	stowing, stacking
уклониться	to defer
уклончив	evasive
укомплектование	completing, making complete
укрепление	fastening
улучшение	improvement
умелый	skilled
уменьшающий	lessening
уникальный	unique
упакован	packed
упаковка	packaging, packing, stacking
упаковочный	packing
упаковочный лист	packing slip
упаковываться	to be packed
уплатить	to pay
уплачиваемый	which is being paid
уполномочен	authorized
упоминание	mention
упоминать	to allude, hint
упомянут	noted
упорство	toughness
управление	management
управление воздушным движением (УВД)	Air Traffic Control(ATC)
упросить	to request, solicit
упрямство	obstinancy
урегулирование	settling
урегулировать заявлен- ные претензии	to settle claims
уровень	level
усилие	effort
условии кредита	credit terms
условие	condition
усложняться	to be complicated
услуга	service
услышанный	heard
усовершенствование	improvement

усовершенствованный	improved
успех	success
успокоить	to reassure
устав	charter, regulations, rules
устанавливать	to establish
установка	installation
установлен	established
установление	establishment
устанавливать, установить	to establish
устанавливаться	to be fixed, established
установка	installation
крупная установка	large-scale installation
установление	establishment
установочный	installation
устаревший	antiquated
устранён	eliminated
устранение	elimination
устранить	to eliminate, remove
устроить	to arrange
уступка	concession
утомительный	exhausting
утрата	loss
уход за оборудованием	maintenance of equipment
уценка	price reduction
участие	participation
участвовавший	who had participated
участвовать	to participate
участие	participation
участник	participant
участок	section, sector, site
учебная программа	training program
учёный	scientist
учесть	to take into account
учёт	
вести учёт	stock-taking, inventory
с учётом	taking into account
взять на учёт	registration, discounting
учитывать	to discount
учитываться	to be considered
учреждение	institution
учредить	to establish
ущерб	loss, detriment

Ф

Ф.А.С.	f.a.s.(free along side ship)
Ф.О.Б.	f.o.b.(free on board)
Ф.Р.Г. (Федеративная Рес- публика Германии)	Federal Republic of Ger- many
фактический	actual
фактор	factor

фигура	person
филиал	affiliate, subsidiary
финансирование	financing
финансовый	financial
финансовые кредиты(от именем государства)	governmental credits
фирма	firm, company, business
фирменный	firm, commercial
Флэт Рок	Flat Rock
Форд	Ford
форма	form
формальность	formality
формальный	formal
форс-мажор	force majeure
фотокопия	photo copy
фрахт	freight
фундамент	foundation
фундаментный	foundation

Х

характеризующий	characterizing
характеристика	characteristic
характерный	characteristic
химия	chemistry
химико-технологический завод	chemical processing plant
ход	pace
хозяин	host
холодный	cold
хороший	good
хотя	although
хранение	storage
хранить	to keep, store
Хью Скотт	Hugh Scott

Ц

цвет	color
целевой	special purpose
целесообразнее	more efficient
целесообразный	expedient
цель	target, goal, object
цена	price
центр	center
Цюрих	Zurich

Ч

чайный	tea
частично	partially
частное лицо	private person
частный	private
часто	frequently

часть	part
частью	partly
через	through, via, within
чёрный	black
чёрт с ней, с ценой	to hell with the price
черта	feature
чертёж	drawing, sketch
чертёжный	drafting
чертовски	damned
чётко	clearly
чиновник	bureaucrat
числитель	numerator
число	number
в том числе	including
чистый	pure, clean
чистый бортовой коносамент	"clean-on-board" bill of lading
член	member
чрезвычайно	extraordinarily
чувствителен	sensitive

Ш

шанс	chance
шефнадзор	supervision
ширина	width
шкала	scale
шпунт	groove, tongue, rabbet
в шпунт	tongue-in-groove
штат	staff
штемпель	name, stamp
штивка	storing, efficient use of space
штраф	penalty, fine
штрафная неустойка	penalty
Штутгарт	Stuttgart
штутгартский	Stuttgart

Щ

щель	crack, hole

Э

эгида	aegis
экземпляр (экз.)	example, copy
экономика	economics
экономический	economic
экономично	economically
экономия	economising
экономно	economically
экран	screen

экран радиолокаторного индикатора	radar scope
экспедиторский	shipping
экспертиза	commission of experts
эксплуатационная возможность	capability
эксплуатационный	operational
эксплуатация	operation
Эксимбанк (Экспортно-импортный банк) США	U.S. Ex-Im Bank
экспорт	export
экспортёр	exporter
экспортировать	to export
экспортный	export
экстраполяция	extrapolation
электродуговая печь	electric arc furnace
электронный	electronic
электроэнергия	electric power
элементарный	elemental, elementary
энергетические узлы	utility hook-ups
эскиз	sketch
этаж	floor
эталон	standard
этап	stage, period
эффективно	effectively
эффективный	efficient

Ю

юридический адрес	legal address
юридическое лицо	legal entity
юрисконсульт	legal adviser

Я

являться, явиться	to appear, to be (is/are)
якобы	supposedly
язык	language
ярмарка	trade fair
ящик	case, box
ящичный	crated, boxed

A.C. 3-phase 50 cycles current	переменный трёхфазный ток с частотой 50 периодов
ATC coordination services	координация услуг УВД
ATC displays	радиолокационные экспонаты УВД
to be able, manage to	мочь, смочь
aboard, on board	бортовой
above, more than	сверх
above-mentioned	вышеприведённый, вышеупомянутый
abrogation	отмена
absence	отсутствие
to accept	принимать, принять
acceptable, reasonable	приемлемый
acceptance	приём
acceptance test	приёмочное испытание
accepted	принят
access	доступ
accidental	случайный
to accomodate, quarter	разместить
to accompany	сопровождать
to be accompanied	сопровождаться
to accomplish, realize	осуществить
to be accomplished, implemented	осуществляться, осуществиться
in accordance with	согласно
accordingly	соответственно
account	счёт
accounting	бухгалтерия
to achieve	достичь, добиться
achievement	достижение
achieving	достижение
to acknowledge, realize	отдавать себе отчёт
to acquaint oneself	ознакомиться
to acquire, secure	приобретать, приобрести
being acquired	приобретаемый
acquisition	приобретение
to act	действовать
active, intensive	активный
activity	действие, деятельность
actual	фактический, практически
acutely, very	великолепно
adaptable	приспособляемый
addition	дополнение
additional, supplementary	дополнительный
address	адрес
addressed	адресованный
administration	администрация
admirably	великолепно

to admit	признавать, признать
to adopt	позаимствовать
advance	авансовый
advanced	передовой, выдвинутый
advantage	выгода, преимущество
advantageously	выгодно
advertising	рекламный
aegis	эгида
affiliate, subsidiary	филиал
affixed	скреплён
after that	затем
again	снова
against	против
agent	агент
to agree	договориться, согласиться
agreed upon, stipulated	оговорённый, согласованный
agreement	договорённость, соглашение, согласие
in complete agreement	при полном согласии
agri-chemical	агро-химический
air	воздушный
air base	авиабаза
air defense system	система противовоздушной обороны
air force	военновоздушные силы
Air Traffic Control(ATC)	управление воздушным движением(УВД)
airborne weather radar systems	бортовые метеорадиолокаторы
airline	авиалиния
by airmail	авиа-почтой
airplane	самолёт
airspace	воздушное пространство
Airway Bill	авианакладная
all, every	всякий
all-union	всесоюзный
allocation	распределение
to be allowed	допускаться
allowed	допустимый
to allude, hint	упоминать
alternative	альтернативный
although	хотя
amendment	исправление
American	американский
amount, rate	размер
analogous	аналогичный
analysis	анализ
ancillary	вспомогательный
and, moreover	причём
to announce	объявить
annual	годовой

annually	ежегодно
to annul	аннулировать
annulment	аннуляция
another	иной
answerable, bound	ответственный
anti-aircraft	противосамолётный
anticipated, intended	предполагаемый
anti-corrosive	антикоррозийный
anti-missile	противоракетный
antiquated	устаревший
any	любой, всякий
apparatus	аппарат
apparently	очевидно,по-видимому
appearance	выступление
appendix	приложение
application, use	применение, заявление
apply to arbitration	обращаться на арбитраж
to be apprehensive, avoid	опасаться
approach	приближение
to approach,make contact	устанавливать
approach path	траектория полёта
approval	одобрение, санкция
to approve	подтвердить, одобрять
approved	одобренный
approximately	примерно
arbitration	арбитраж
arbitration expenses	расходы по производству дела в арбитраже
arbitration membership	состав арбитража
by means of arbitration	в арбитражном порядке
in arbitration	в арбитражном порядке
arbitrator	арбитр
area	область
argument	спор
to arise	возникать, возникнуть, представиться
arising, coming from	возникший, вытекающий
armed	вооружённый
to arrange	устроить
to arrive(for vehicle)	прибыть
arrival	прибытие
around-the-clock	круглосуточный
art	искусство
article, clause	статья
article, item	предмет
to articulate, formulate	сформулировать
as soon as possible	как можно скорее
aspiration	стремление
to aspire to	претендовать на
to assemble	набрать, собирать
to be assembled	собираться

assembled parts	комплектный узел
assembly, installation	монтаж, сборка
assembly line	сборочная линия
assignment	задача
associated	связанный
association	объединение, ассоциация
assurance	заверение
with assurance	уверенно
to assure	заверить
at all	вовсе
at 75% capacity	при нагрузке составляющей 75% всей мощности
atmosphere, air, spirit	дух
to attach	прикладывать, приложить
attached	прикреплённый
attainment of parameters	достижение показателей
to attempt	пытаться
to attempt, try	стараться
to attend, be present	присутствовать
attention	обращение, внимание
audience, auditorium	аудитория
authorities	власти
authority, power	полномочие
authorization	поручение
authorized	уполномочен
autocar, forklift	автокар
auto industry	автопромышленность
automated	автоматизированный
automatic machine	автомат
automation	автоматизация
availability	наличие
available	имеющийся
to have available	располагать
aviation	авиация
aviation industry	авиационная промышленность
aviation routes	воздушные пути сообщения
to avoid	избежать

B

Brighton	Брайтон
bad, poor	плохой
bait	приманка
balance	баланс
ban	запрет
bank	банк
bank, banking	банковский
to bargain	торговаться
barrier	барьер
base	базовый
to be based	основываться

based	основанный
basic	основной
basis, foundation	основание
to be	являться, явиться
beacon	маяк
to bear expense	(по)нести издержки,расходы
bearing	подшипник
to begin	начинать
beginning	наступление, начало
to behave in the same way	поступать так же
belonging	принадлежащий
besides	помимо
better	лучший
bid	предложение с ценой
to bid farewell	распрощаться
Bill of Lading	коносамент
binding	обязательный
black	чёрный
blank, free	свободный, пустой
block diagram	блок-диаграмма
board	доска
board, management	правление
bomb-sights	авиаприцел
border	пограничный
being bought	покупаемый
bound	связанный
box	ящичный
breach of security	нарушение секретности
breakage	поломка
broadening, expansion	расширение
(being)built	строящийся
to budget	ассигновать в бюджете
building	здание
bulk, volume	объём
bureaucrat	чиновник
business	деловой, торговый
business	служба
business office	канцелярия
businessman	бизнесмен, коммерсант, торговец, делец
butt-end, face	торцовый
to buy	покупать, купить, закупить
buy-back(not generally accepted term in Russian)	"обратная закупка"
buyer	покупатель
buying	купля
by means of	путём
bypassing	минуя (миновать)
by virtue of	в качестве
by weight, weighing	весом

C

°C (Celsius)	градусы по шкале целсия
c. and f.	С. и Ф.
c.i.f.	С.И.Ф.
caffeine	кофеин
caffeine	кофеиновый
calculation, computation	расчёт, исчисление
calendar	календарный
call	вызов
to be called	называться
campaign	наступление, кампания
canal, channel	канал
candidacy	кандидатура
capability	эксплуатационная возможность
capacity	мощность
capacity, productivity	производительность
of the capacity	ёмкостью
capital	капитал
capitalist	капиталист
captain's	капитанский
caption	надпись
care, concern	забота
carefully	осторожно, тщательно
carefully, thoroughly	точно
carelessness	небрежность
carriage, conveyance, transport	провоз
carried out, executed	вынесен, проводимый
cart, wagon	тележка
case, box	ящик
case planking	доски обшивки ящиков
case, instance	случай
in case of	в случае, если
in no case	ни в коем случае
cash on delivery (C.O.D.)	наложенным платежом
casual	небрежный
catastrophe	катастрофа
to cause	вызвать
caused	причинённый, вызванный
center	центр
center of gravity	центр тяжести
certificate	сертификат
certificate, evidence	свидетельство
to certify, check	проверить
certifying	удостоверяющий
cessation	прекращение
chairman, president	председатель
chance	шанс
to change	изменить
change	изменение

to channel, forward	переправить
characteristic	характеристика
characteristic	присущий
characteristic	характерный
characterizing	характеризующий
to be charged	отнести на счёт
charging of expenses to	отнесение расходов на
charter, regulations, rules	устав
check, test, examination	проверка
chief arbitrator, umpire	суперарбитр
choice	выбор
citizen	гражданин
civil	гражданский
to claim, seek	взыскать
claim	претензия
to clarify	выяснить
clause, article	статья, оговорка
to classify	классифицировать
clean, pure	чистый
"clean-on-board" bill of lading	чистый бортовой коносамент
clearance	габаритный
clearing, payment	расчёт
clearly	чётко, ярко
climate	климат
to get close	сойтись
close by	вблизи
closely	тесно
club	клуб
code	код
cold	холодный
collection, dues	сборы
collection, expenses	расходы на инкассо
collective	коллективный
color	цвет
column	столбец
to command	обладать
commensurate	соразмерный
commensurately	соразмерно
commercial	коммерческий, фирменный (for credit)
commission	комиссия
commission	коммисионный
commission payment	комиссионное вознаграждение
committee	комитет
commodity, goods	товары
commodity specialist	товаровед
to communicate	сообщать
communication	сообщение

communications	связь
Communist Party of the Soviet Union	КПСС (Коммунистическая партия Советского Союза)
company office	представительство
comparatively	сравнительно
in comparison with	по сравнению с
to compensate, reimburse	возместить
compensating	компенсирующий
compensation	компенсационный
to compete	соревноваться
competence	компетентность
competence	компетентный, правомочный
competency	компетенция
competing	конкурсный
competition(negative)	конкуренция
competition(positive)	соревнование
competitive	конкурентный
competitiveness	конкурентноспособность
to complete	завершить
complete assembly,unit	комплектный узел
complete scope of supply	комплектация
complete set	комплект
completed, executed	совершён
completely	весьма,комплектно,вполне
completeness	комплектность, полнота
completing	укомплектование
complex, complicated	сложный
to be complicated	усложняться
to comply with, observe	соблюсти
component	деталь
component	составной
composed	создан
comprehensive, extensive	обширный
comprehensive bid	исчерпывающая заявка
to comprise	составлять
to compromise oneself	скомпрометировать себя
computer	вычислительный
computer	вычислительная машина
computer(foreign)	компьютерный
computer flight-plan filing	компьютерная регистрация маршрутов
controller	диспетчер
to communicate, deal with	сноситься с
to communicate, notify	сообщать
concentrate	концентрат
to concentrate	концентрировать
concentrated	сосредоточен
concern	озабоченность, забота
to concern, touch upon	касаться
concession(price)	уступка
to conclude(make)a deal	заключить сделку

concluding	заключение
conclusion	заключение, вывод
concretely	конкретно
condition, state	состояние
conditions	обстоятельства
to be conducive, assist	способствовать
to conduct negotiations	(про)водить переговоры
to be conducted	проводиться
to be conducted, carried out	вестись
conducting	ведение
which is conducting	ведущий
conduit	канал
conference	конференция
conference hall	конференц-зал
to confirm	подтверждать,подтвердить
to confirm transport	подтвердить к провозу
confirmation	подтверждение
confirmed	подтверждён
confirming	подтверждающий
conflict, dispute	противоречие
to conform	соответствовать
conformity	соответствие
in conformity with	применительно к
confusing	запутанный
conglomerate	конгломерат
congress	конгресс
connected	связанный
connection, relation	связь
consequently	в результате
to consider, think	считать
to consider, take into account	учесть
consideration	соображение
consideration, discussion	обсуждение
for consideration	на рассмотрение
to be considered	рассматриваться, учитываться
consignee	получатель
to consist of	заключаться
to consist of	состоять из
consistently	постоянно
consortium	консорциум
constant	постоянный
constituting	составляющий
constructed	выстроен
construction	конструктивный,строительный
construction	стройка,строительство
to consult	проконсультироваться
consultant	консультант
consumer, end-user	заказчик
consumer	потребительский

consumer goods	товары ширпотреба
consumption	расходный
contact	контакт
to contain	содержать
contained	содержавшийся
contemporary	современный
continuously	постоянно
contract	контракт, подряд
to contrast	сопоставить
in contrast	в отличие
contribution	вклад
to control	обладать
control panel	пульт
control tower communi- cations	связь командно-диспетчер- ских пунктов
control tower communi- cations	связь с диспетчерским пунк- том при посадке
convenient, comfortable	удобный
conversation	беседа
convertible	конвертируемый
freely-convertible	свободно-конвертируемый
conveying	перенос
to convince	убедить
convinced	убеждённый
cooperative	совместный
coordinate	координата
copy	копия,экз.(экземпляр)
corner	угол
corporation	корпорация
to correct	исправляться, исправиться
correction, adjustment	корректировка, исправление
correlation	соотношение
correspondence	переписка
correspondence, agreement	соответствие
correspondent	корреспондентский
corresponding to	соответствующий
corrosion	коррозия
cost	стоимость
to cost	обходиться
costing	стоивший
costs of arbitration	расходы по производству дела в арбитраже
to count on	рассчитывать на
counterpurchase	контр-закупка
to countersign, authen- ticate	скреплять, скрепить
countertrade	контрторговля
counting from	считая
country	страна
course(of time)	течение
courts of law	общие суды

covered	покрыт
crack, hole	щель, трещина
crane	кран
crane	крановый
crated, boxed	ящичный
to create	создать
created, developed	созданный
credit	кредит
credit	кредитный
to credit, enter	перечислить
credit conditions	условии кредита
criticism	нарекание
cross-country routes	внутренные трассы
cubic foot	кубический фут
cubic measurements	кубатура
curd, cheese	творожный
currency	валютный
current, present	текущий
current market conditions	конъюнктура
customarily	принято, чтобы
customer, client	заказчик
customs	таможенный
cut	скос
cut away	скошенный

D

daily	ежедневно
damage, harm	повреждение
damned	чертовски
danger	опасность
dangerous	опасен
date	дата, срок
date of claim	дата появления претензии
dead freight	мёртвый фрахт
deal	сделка
to deal with	иметь дело с
to deal with	распорядиться
to decide, reach a decision	выносить решение
decision	решение
decisiveness	решимость
to declare, state	заявлять
deduction	вычет, удержание
defect	дефект
defective	дефектный
defense	оборона
defense industry	оборонная промышленность
to defer	уклониться
deficiency	недостаток
deficit	дефицит

by definition	само собой подразумевается
delay	просрочка, отсрочка, задерж-ка, промедление, опоздание
delegation	делегация
delineation,specification	определение
to deliver	доставить
to be delivered	поставляться
delivered	поставлен
delivery	поставка
delivery date	срок поставки
to demand	требовать, потребовать
demand, requirement	требование
demurrage	простой судна
denominator	знаменатель
demonstrated	продемонстрированный
department	ведомство, департамент, отделение, отдел
depending	зависящий
depending on	в зависимости от
deposit	депозит
time deposit	срочный вклад
depression	депрессия
to deprive	лишать
deputy, substitute	заместитель
to derive, extract	извлечь
description	описание
deserving	достойный
design	проектный
to design	спроектировать
design considerations	основы проектирования
design solution	проектное решение
to be designated	назначаться
designated	предназначенный, выделен
designation	назначение
designer	конструктор
designing	запроектирование
to desire, wish	желать, пожелать
desiring	желающий
dessert	дессертный
destination	место назначения
destination:Soviet Port	назначением советский порт
with a destination, di-rection	направлением
detail, part	деталь
detailed	подробный
detected	обнаруженный
detente	разрядка международной напряжённости
to determine	решаться
to be determined	определяться
which determines	определяющий

developed	развитый
device	агрегат
device, instrument	прибор
devoted	предан
to differ	отличаться
difference	разница
different, other	другой
more difficult	труднее
difficulty	затруднение, трудность
dimension	размер, габарит
dimensional	габаритный
direct	непосредственный
directive	директив
directly	прямо
director	директор
disagreement	разногласие, расхождение во мнениях, спор
to disappear	исчезнуть
to disarm	обезоруживать
discount	скидка
to discount	учитывать
discovered, disclosed	обнаруженный
discrepancy	расхождение
at the discretion	по усмотрению
discussion	обсуждение
dispatch date	момент отсылки
display at an exhibition	выставочный экспонат
disposal	распоряжение
at one's disposal	в распоряжении
to be at the disposal of	распоряжаться, распорядиться
disputed	спорный
to be distributed, divid-ed	распределяться
diverse	разнообразный
divided	разделён
to do business	иметь дело
dock	доковый
dock	пристань
document	документ, акт
documentation	документация
double	дублирующий
doubt	сомнение
down payment	авансовый платёж
downfall, perishing	гибель
to draft, compose	составить
draft, project, design	проект
drafting	чертёжный
to be dragged out	затягиваться
to draw, attract	влечь
to draw up	составить
drawing, drafting	чертёжный

drawing	чертёж
drawing up	составление
drawn, plotted	нанесён
to be drawn on	наноситься, нанестись
drawn-out	затяжный, длительный
drinks	выпивки
dry	сухой
dry-land	сухопутный
drying	сушка
due, owed	причитающийся
duplicate	дублирующий
durability	долговечность, прочность
duration	длительность
during	в течение, во время
duty, customs	пошлина

E

each	каждый
earlier	предварительный, заранее
earthquake	землетресение
east	восток
economic	экономический
economic (commercial) law	материальное право
economically	экономично, экономно
economics	экономика
economizing	экономия
edition, publication	издание
to be in effect	действовать
effected	произведённый
to be effected, carried out	производиться
effectively	эффективно
efficient	эффективный
more efficient	целесообразнее
efficiently	эффективно
effort	усилие
election	выборы
electorate	избиратели
electric arc furnace	электро-дуговая печь
electric power	электроэнергия
electronic	электронный
elemental, elementary	элементарный
to eliminate, remove	устранить
eliminated	устранён, отсранён
elimination	устранение
emphasizing	подчёркивание
employee, official	сотрудник
encashment	инкассо
for payment	на инкассо
to encompass	охватить

to encourage	поощрять
engineer	инженер
engineer	инженерный
engineering	конструктивный
England	Англия
enjoying, having	пользующийся
enroute	маршрутный
enroute and terminal approach radar services	маршрутное и аэродромное сопровождение при подходе
to ensure, assure, guarantee	обеспечить
ensuring	обеспечивающий
to entail	повлечь
to be entered	вписываться
enterprise	предприятие
to entice	привлечь
entitled	вправе
to entrust	поручить
entry	въездной
entry into a market	вход на рынок
envelope	конверт
environment, situation	обстановка
equal	одинаковый
equipment, supplies	принадлежности
equipment	оборудование
equipped	оборудован, оснащённый
essence, substance	существо
essential	необходимый
to establish	устанавливать, установить, учредить
established, formed	создан
established	установлен
establishment	установление
estimate	подсчёт
to be evaluated favorably	отнестись благосклонно
evaluation	оценка
evasive	уклончив
evidently	очевидно
to exact, demand	взыскать
example, copy	экземпляр
example, model	образец
to exceed in size	превышать
exceeding	превышающий
exceedingly	чрезвычайно
exception	исключение
to exchange	заменить
exchange	замена
exclusively	монопольно
make excursions	совершать поездки
to execute, fulfill	осуществлять
executed, composed	совершён, составленный

execution	исполнение
executive	исполнительный
exemplary	образцовый
to exert influence	оказывать влияние
exhausting	утомительный
exhausting, wearing out	выматывание
exhibition	выставка
U.S. Ex-Im Bank	Эксимбанк (Экспортно-импортный банк) США
to exist	существовать
existing	существующий
expansion	распространение, расширение
to expect	ожидать
expectation	ожидание
expedient	целесообразный
expended	затрачен
expenditure	расход
at the expense of	за счёт
expenses	расходы, издержки
expenses to be borne by	расходы идут за счёт
expensive	дорогой, дорогостоящий
more expensive	дороже
experienced	опытный
expertise, experience	опыт
commission of experts	экспертиза
expiration date	истечение срока
on expiration	по истечении
to expire	истекать
to export	экспортировать, вывозить
export	экспортный
export	вывоз
exporter	экспортёр
to express, state	высказать, выразить
to be extended	отодвигаться, продлеваться
to be extended to	распространяться
extended	продлён
extension of time	продление
extraction	выжимание, происхождение
extraordinarily	чрезвычайно
extrapolation	экстраполяция

F

f.a.s. (free along side)	Ф.А.С. (свободно вдоль борта)
f.o.b. (free on board)	Ф.О.Б. (свободно на борту)
to fabricate	изготовить
face, i.e. top and bottom	торцовый
to facilitate	облегчить, способствовать
facing	обшивка
fact sheet	перечень данных

273

factor	фактор
factory	завод
factory, works	заводский, заводской
fail-safe operation	надёжная работа
failure to notify	неизвещение
(trade)fair	ярмарка
fairly, pretty	довольно-таки
to fake out of position	сбить
to fall for	попасться
falling out	выпадающий
family	семейный
fashionable	модный
to be fastened	прикрепляться
fastening	крепление, укрепление
fault	вина
favorable	благоприятный, выгодный
favorably	благосклонно
feature	черта
Federal Republic of Germany	Ф.Р.Г. (Федеративная Республика Германии)
15-month	пятинадцатимесячный
figure	рис.(рисунок)
filed	зарегистрированный
final	окончательный,заключительный
final inspection	окончательное испытание
financial	финансовый
financing	финансирование
to find out	узнать
finished	завершён, закончен
finishing	обработка
fire	пожар
firm, company	фирма
firm, commercial	фирменный
first	первый
first, initial	первоначальный
first-class	первоклассный
first priority	первоочередный
first-rate	безупречный
for the first time	впервые
to fit into	вписываться
fitting, equipping	оснащение
Five-Year Plan	Пятилетка
fixed, firm, hard	твёрдый
to be fixed, established	устанавливаться
to be fixed, attached	прикрепляться,прикрепиться
flat-footed, unawares	врасплох
Flat Rock	Флэт Рок
flight plan	маршрут полёта
flood	наводнение
floor	этаж
flow charts	технологические схемы

to follow	последовать
following	(ниже) следующий
in the following manner	следующим образом
food	пищевой
foolish	нелепый
Force Majeure	непреодолимые силы
(labor) forces	силы
Ford	Форд
foreign	зарубежный, иностранный
foreign economic	внешнеэкономический
foreign trade	внешнеторговый
foreign trade	внешняя торговля
Foreign Trade Bank	Внешторгбанк
foreseen	предусмотренный
fork	вилка
fork lift, autocar	автокар
form	форма
form, aspect	вид
formal	формальный
formality	формальность
to formulate	сформулировать
forwarding	отправка
to be found	находиться
foundry	литейный
foundry	литьё
fraction	дробное число
free	свободный
to free	освобождать
free of charge	безвозмездный
freight	груз, фрахт
frequently	часто
fresh, unsalted	пресный
friendly	приятельский, дружелюбный
friendship	дружба
fruitless	безрезультатный
fulfill	выполнять
to be fulfilled, executed	выполняться
fulfillment	выполнение
full	полный
fullness	полнота
fully, completely	полностью
to function	функционировать
fund, bank	касса
to furnish	снабдить
future	будущий

G

to be gathered	собираться
geisha	гейша
general	генеральный, всеобщий

generalization	обобщённое понятие
generally accepted	общепринят
geologic	геологический
to get to	попадать
get to know better	сойтись поближе
to give	давать, дать
give, impart, add	придать
to give specifics of	конкретизировать
given	данный
of the given type, kind	по данному типу
go into effect	войти в силу
goal	цель
good	хороший
the good (welfare)	благо
goods, commodity	товарный
goods, merchandise	товары
government	власть, правительство
governmental credits	финансовые кредиты
grain	зерно
to grant	предоставлять
granted	продлён
gravity	тяжесть
Great Britain	Великобритания
grey cast iron	серый чугун
gripping, grappling	захват
groove, tongue, rabbet	шпунт
gross	валовой
gross weight	вес брутто
ground control radar	наземные радиолокаторы
ground control radar facilities	средства наземного радиолокаторного управления
ground radar	наземная радиолокация
ground-to-air communications	связь "земля-воздух"
growth, rise	рост
guarantee	гарантия
to guarantee	гарантировать
guaranteed	гарантийный
to be guided	руководствоваться

H

half-dozen	полдюжины
to hamper, make difficult	затруднять
hand, by hand	ручной
handling, transferring	перегрузочный
handling	погрузочно-разгрузочный
to happen to, fall within	приходиться
hard	твёрдый
hard currency	валютный
hard currency	валюта

hard-currency shortage	валютное напряжение
to have, possess	иметь
to have in mind	иметь ввиду
to have ones say	высказаться
head	начальник
to head	возглавлять
health	здравохранение
heard	услышанный
heavily loaded	тяжеловесный
heavy metal press	пресс для проката тяжёлого металла
heavy-use airport	перегруженный аэропорт
height	высота
to hell with the price	чёрт с ней, с ценой
why in the hell	какого чёрта
help	помощь
to help	помочь
herein after	дальнейший
hierarchy	иерархия
high	высокий
high-priority	первоочередной
high-quality	доброкачественный, высококачественный
high-speed	высокоскоростной
high-speed metal fabrication	скоростная обработка металлов
highest	найвысший
highly placed	высокопоставленный
to hint	делать намёки
hold of a ship	трюм
holding furnace	расходная печь
to hope	надеяться
horizontally	горизонтально
hospitable	гостеприимный
host	хозяин
hot	жаркий
hotel	гостиница, отель
huge	огромный
hundreds	сотни
hydraulic	гидравлический

I

idea	идея
identical	одинаковый
indentification	выяснение
if necessary	в случае необходимости
ignoring	игнорирование
immediately	незамедлительно, немедленно
to become imminent	назревать
to implement, bring about	осуществляться

implemented, executed	осуществлённый
to be implemented	осуществляться
import	импортный
import	импорт
to import	ввозить, импортировать
importer	импортёр
impossible	нельзя
impossibility	невозможность
impression	впечатление
to create an impression	произвести впечатление
improved	усовершенствованный
improvement	улучшение, усовершенствование
in-as-much	поскольку
in conformity with	применительно к
in favor of	в пользу
in general	в общем
in light of	с учётом
in the name of	от имени
in point of fact	по сути
in the final analysis	в конце концов
incentive, motivation	стимул
on incentive system	по премиальной системе
inception, beginning	наступление
to include	включать, включить
included	включён
including	влключая
including	в том числе
income	доход
incomplete	некомплектный, неполный
inconsistent	непоследовательный
inconvertability	необратимость
incorporated	внедрён
incorrect	неправильный
increase	рост
to increase	расширить, возрасти
incremental	инкрементный
inculcation, integration	внедрение
incurred	причинённый
indelible	несмываемый
independent	самостоятельный
independently	независимо
index	индекс
indicated below	нижеуказанный
indication	указание
indicator	показатель, индикатор
indirectly	косвенно
indispensability	незаменимость
indispensible, necessary	необходимый
individual	отдельный
individually, taken separately	в отдельности

industrial	промышленный
inferior	неполноценный,некачественный
inflow	приток
to influence	повлиять
to inform	извещать, известить, уведомить
information	указание, информация
informed	осведомлённый,информирован
to become informed, ascertain	осведомиться
infringement	нарушение
Ingosstrax	Ингосстрах (Управление иностранного страхования)
initial	первоначальный
initials	инициалы
to make inquiries	навести справки
inscription	надпись
to insert	вставить
insertion	внесение
inside	внутри
inside	внутренний
insightful	проницательный
to insist	настаивать
insistently	настоятельно
to inspect	провести осмотр
inspection,inspecting	инспектирование,осмотр
inspector	инспектор
to install	устанавливать
installed	установлен
installation	установка
instance	случай
instant tea	растворимый чай
institution	учреждение
instruction	инструктаж, инструкция, указание, распоряжение
instrument	прибор
instrument landing system (ILS)	система слепой посадки (ССП)
insufficient	недостаточный
insufficient, inappropriate	ненадлежащий
insurance	страхование
to insure	страховать
insurmountable	непреодолимый
integral	неотъемлемый
integrated	интегральный
integrated mode approach control radar(IMACR)	объединённый режим радарного управления заходом на посадку (ОРРУЗП)
integration, inculcation	внедрение
intended, stipulated	предусмотренный,предлагаемый

to be intended for	предназначаться
intense, strained	напряжённый
intention	намерение
intense	интенсивный
interest	интерес
interest, percent	процент
interested	заинтересованный
interested parties	заинтересованные стороны
interface	интерфейс
interior	внутренный
international	международный
intractable, tough	несговорчивый
invalid	недействителен
become invalid	терять силу
invention	изобретение
inventory	список
invitation	приглашение
to invite	приглашать
invoice, bill	счёт
to involve, encompass	охватывать
iron foundry	литейный цех
irrespective	независимо
irreparable	неустранимый
issuance	выдача
to issue	выдать
issued, written out	выданный, выписанный
item	позиция
itemized	специфицированный

J

to jeopardize	поставить под угрозу
joint	совместный
journal, magazine	журнал
junior	младший
juridical personality, legal entity	юридическое лицо
jurisdiction, recourse	подсудность
having jurisdiction, controlling	ведающий
justified	мотивированный

K

Kama	камский
Kama River Truck Factory	КАМАЗ (Камский автопроизводительный завод)
to keep, store	хранить
to keep to, stick to	соблюсти
keeping in mind, view	имея ввиду
key	ключевой

kg. (kilogram)	кг. (килограмм)
kind	род
knife	нож
knot	сучок
to be in the know	быть в курсе
know-how	ноу-хау

L

labor	труд, рабочие руки
lack, inadequacy	нехватка
land	сухопутный
language	язык
large	большой
large-scale installation	крупная установка
to last	длиться
last, latest	последний
late	несвоевременный
lateness, tardiness	опоздание
later	позднее, позже
lateral, flank	боковой
lathe	токарный станок
latter	последний
law	закон, право
to lay out, set forth	излагать
having learned	обучившись
leading	ведущий
legal address	юридический адрес
legal adviser	консультант
legal entity	юридическое лицо
legal force	законная сила
length	длина
lessening	уменьшающий
lesser	меньший
letter	письмо
letter of alphabet	буква
letter of credit	аккредитив
letter of guarantee	гарантийное письмо
letting, surrendering	сдача
level	уровень
liability	ответственность
to be liable to, subject to	подлежать
license	лицензия
to lie	лгать
light	лёгкий
lighterage	лихтировка
limit	предел
limited	ограничен
within the limits of	в пределах до
limitation	предел использования
line, linear	линейный

linking	увязывание
list, schedule, catalogue	номенклатура,перечень
list of priorities	список первоочередных задач
literally, to the letter	тщательно
litigation, suit	судебный иск
load	нагрузка
loading	погрузка
loading device	погрузочно-разгрузочный механизм
to loaf	побездельничать
loan	заём
lobbyist	лоббист
local transportation	внутригородской транспорт
located	расположен,размещённый
location, place, premises	место,расположение,нахож- дение, помещение
long,lengthy	длительный
longer	дольше
long-term	долгосрочный
loss	утрата,убыток,потеря
loss,damage	ущерб
low	низкий
lower	низший
to lower, decrease	снизить
lowering	снижение
lubrication	смазочный
lumber	лесоматериал
luxury	роскошь

M

mm.(millimeter)	мм.(миллиметр)
machine	машина
machine-tool	станок
machine-tool construction	станкостроение
Mack Trucks	Мак Тракс
made(entered)	внесён
made	изготовлен,произведён
to be made	производиться
magnitude	величина
mail, post office	почта
maintenance	уход за оборудованием
majority	большинство
make, brand	марка
to make a check	производить проверку
to make certain, con- vince self	убедиться
to make claims	предъявлять претензии
to make a decision	принять решение, решить
to make a profit	извлечь прибыль
make report	составить протокол

to make sure, convince oneself	убедиться
making operational	введение в действие
malleable iron	ковкий чугун
to manage, be in charge	ведать, осуществляться управление
to manage, direct	руководить
to manage, get by	обходиться
management	руководство, управление
managing, being in charge	ведающий
manifest	манифест
manifested	проявляемый
manner	образ
manoevre	манёвр
manual	справочник
manufactured, produced	выпускаемый, изготовлен
manufacturer	производитель
manufacturing process	ход и качество изготовления, технология
many	многий
to mark on four sides	наносить маркировку с четырёх сторон
to be marked	наноситься, маркироваться
marked	нанесён
market	рынок
(free)market	конъюнктурный
sales market, territory	рынок сбыта
market analysis	конъюнктура
marketing, sales	сбыт
marking	маркировка
to master	научиться
material	материал
material utilized	применяемый материал
maximal	максимальный
maximally	максимально
maybe, perhaps	может быть
means, materials	средство
by means of	путём
measure	мера
measurement	замер
mechanical engineering	машиностроение
mechanism	механизм
mechanized	механизированный
meet, satisfy	удовлетворить
to meet	встречать, встретить
to meet requirements	отвечать требованиям
to meet with	встречаться
meeting, conference	встреча, совещание
melting	плавильный
member	член
mention	упоминание

to mention	упоминать
metal casting	литейная форма
metal, metallic	металлический
Metallurgimport	Металлургимпорт
method	способ, метод
metric	метрический
Michigan	Мичиган
middle	средний
mid-level	средняя рука
minimal	минимальный
minimum	минимум
minister	министр
ministry	министерство
minor	мелкий
model	модель
model, standard	типовой
modern	современный
modifying	внесение модификаций
mold line	линия производства форм, литейная форма
moment	момент
monetary, financial	денежный
money	деньги
to monitor	руководить ходом
monopoly	монополия
mooring, moorage	причал
a little more	побольше
moreover, while	причём
moreover, because	ещё и потому, что
motorized cart	автокар
mounted	вмонтированный
to move	перебираться
must, should	должен
mutual	взаимный
mystified	озадачен

N

nailed	прибиваемый
naive	наивен
name	название
name, stamp	штемпель
in the name	на имя
named, designated	намеченный, именуемый
to be named, designated	назначаться
naming, list of names	наименование
nation-wide computer routing system	вычислительный центр, управляющий воздушным движением по всей стране
national	национальный
nautical mile(knot)	морская миля

navigational aids	навигационные средства
necessary, essential	необходимый, требуемый
all necessary	в необходимом объёме
it is necessary	надлежит
to become necessary	понадобиться
necessity	необходимость
when necessary, required	при необходимости
need	нужда, запрос
negotiations	переговоры
to be nervous	нервничать
net weight	вес нетто
neutral	нейтральный
nevertheless	тем не менее, всё же
newcomer	новичок
newsman	корреспондент
next, following	следующий
no matter where	где бы то ни было
nomination	кандидатура
non-alchoholic	безалкогольный
non-corrosive	нержавеющий
non-fulfillment	невыполнение
non-notification	неизвещение
norm, standard, rule	норма
normal	нормальный
to note	заметить
noted	упомянут
notes	заметки
notification	извещение
to notify	извещать, известить, опо-вестить, сообщать
to notify,warn	предупредить
number	число
to be numbered	нумероваться
numerator	числитель

O

object, article	предмет
to object	возражать
to be obligated	обяываться, обязаться
obligation	обязательство, обязанность
obligatory	обязательный
obstinacy	упрямство
obstruction	препятствие
to obtain, acquire	приобрести
to occupy	занимать
to occur, happen	случаться
to occur	иметь место
office	контора, кабинет
official	официальный,должностный
official	должностное лицо

oil, grease	масло
ones own	собственный
only	единственный
open, exposed	открытый
operating	эксплуатационный
operating techniques	методика эксплуатации
operation, exploitation	эксплуатация
operation	операция, работа
operation(s),operational	оперативный
operational	эксплуатационный
operator	оператор
opponent	противник
to have opportunity	представить возможность
to oppose	сопротивляться
opposite	противоположный
option	опцион
or	либо
order	заказ
ordinal number	порядковый номер
organization	организация
organizational	организационный
to be organized	организоваться
origin	происхождение
original	оригинал
other	прочий, другой
to ought, should	следовать
outcome	результат
outside, external	наружный
outsized	негабаритный
overlong	длиномерный
overseas(seaworthy)	морской
over-taxed	перегруженность
oversized	негабаритный
overweight	тяжеловесный

P

pace	ход
package	место
package plant	завод-комплекс
packaging, packing	упаковка
packed	упакован
to be packed	упаковываться
to be packed in	вкладываться,вложиться
packing	упаковка
packing	упаковочный
packing slip	упаковочный лист
paint	краска
paragraph	параграф
parameter	параметр, показатель
part, portion	доля

part, component	деталь
partially	частично
participant	участник
to participate	участвовать
who had participated	участвовавший
participation	участие,привлечение в ка-
	честве партнёра
partly	частью
partner	партнёр
to pass	переходить
passed	прошедший
passing,placing	переход
patent	патент
patient	терпеливый
to pay	уплатить
which is being paid	уплачиваемый
to pay for	оплачивать,оплатить
payback	погашение
to pay off, be justified	окупаться
paying	оплата
payment	платёж, возмещение
payment	платёжный
for payment	на инкассо
penalty	неустойка
penalty	штрафная неустойка
penalty, fine	штраф
Pennsylvania	Пенсильвания
people, nation	народ
to perish	погибнуть
permissable	допустимый
permission	разрешение
to permit	разрешить, позволить
permitted	разрешён
to be permitted	разрешаться, допускаться
not permitting, tolerat-	нетерпящий
ing	
perplexity	недоумение
person	фигура
personnel, specialists	кадры(plu. only),персонал
personnel training	подготовка кадров
photocopy	фотокопия
piece, package	место
pilot	пилот
piping	трубопровод
Pittsburgh	Питсбург
place	место
place, premises	помещение
place of residence	место-пребывание
placed	помещён
placed on	возложен
placing	перемещение

planner	проектировщик
planning	плановый
plant	завод, установка
plate	пластинка
to play off (one against the other)	сталкивать лбами
to plead, allege	ссылаться
to plot	прокладывать
plotting functions	прокладывающие функции
pneumatic	пневматический
point, item	пункт, момент
point of origin	место изготовления
to point out, to note	отмечать
to point out, show	указать
pointed out	указан
policy	политика
policy (insurance)	полис
political	политический
popular	популярный
populated	населённый
port	порт
port	портовый
position	положение, позиция
position finding	ориентировочный
to possess	обладать
possibility	возможность
possible	возможный
poster board	картон
to be postponed	отодвигаться
potential	потенциальный
potential, proposed	предлагаемый
precise	точный
precisely	именно
precision steel casting	прецизионное стальное литьё
predetermined	оговорённый
to predict	предугадать
to prefer	предпочитать
preferable	предпочтителен
preliminary	предварительный
preparation	изготовление, подготовка
to prepare oneself	подготовиться
prepared	подготовлен
prerevolutionary	дореволюционный
presence	присутствие, наличие
present	настоящий
to present	предъявлять
to be present	присутствовать
presentation	представление, изложение
preservation	консервация, сохранность
president	президент
press (machine tool)	пресс

press (media)	пресса
pressure	давление
prevailing	превалирующий
previous	предыдущий
price	цена
Price Level Index	индекс изменения цен
price reduction	уценка
principally, mainly	главным образом
private	частный, личный
private person	частное лицо
probability	вероятность
probably	вероятно
problem	проблема
procedure	процедура
procedures	методика
to proceed	отправиться
process	процесс
processed	обработанный
processing	обработка
produced	произведён, изготовлен
being produced	выпускаемый
product	товарный
production, manufacture	изготовление, производство
production, factory, plant	заводской, заводский
production capacity	производительность
proficiency	мастерство
profit	прибыль
profitable	прибыльный, выгодный
projected, planned	намеченный
projection	проекция
promissory note	вексель
proof	доказательство
proper, correct	правильный
property, ownership	собственность
proportional	пропорциален
proportionate	соразмерный
proposal, proposition	предложение, заявка
to propose	предложить
proposed	предлагаемый, предложенный
prospect	перспектива
protecting	защищающий
protective measures	консервация
protein	белковый
to provide	предоставить, снабдить, обеспечивать
provided	обеспечен
provided for	предусмотрен
provisions of conflict	коллизионные нормы
public	публичный
publicity	огласка
being published	публикуемый

purchase	покупка, закупка
purchase, buying	купля
being purchased	закупаемый
purchasing	закупочный
push, incentive	толчок
to put, place	ставить
to put off	откладываться
putting into operation	ввод/пуск в эксплуатацию

Q

qualified	квалифицированный
qualitative	качественный
quality	качество
quality-control personnel	контрольный персонал
quantitative	количественный
quantity	количество, число
quarter	квартал
question	вопрос
quickly, spur of moment	срочно
quite a bit	в довольно значительной степени

R

radar	радиолокатор
radar scope	экран радиолокаторного индикатора
radar sweeps	радиолокаторные развёртки
radio communications	радиосвязь
radio navaid	радионавигационная аппаратура, устройство
radio navigation	радионавигация
radio transponders; aircraft transponders	импульсные приёмо-передатчики (на самолётах)
radius	радиус
railroad	железная дорога
Railway Bill	железнодорожная накладная
range	диапазон
rapid-wear	быстроизнашивающий
rate of exchange	курс валюты
raw materials	сырьё
to reach, achieve	достичь
reached	доступный
ready, finished	изготовлен
ready, prepared	готов
really	прямо-таки
get ready	собираться
real	ощутим, истинный
realized	реализован
reason	причина

to reassure	успокоить
receipt	получение
receipt, entering	поступление
to receive, get	получить
received	полученный
to be received	поступать
receiver	приёмник
receiving	получение
to recognize, admit	признать
to recommend	рекомендовать
recommendation	рекомендация
recurrent, next	очередной
to reduce	свести
to reduce, cut down	сократить
reducing	уменьшающий
to refer, allude to	ссылаться, сослаться
to reflect	отражать
to refuse	отказаться от
regarding, as regards	относительно
regarding, because of	по поводу
by registered mail	заказной
regular, uninterrupted	бесперебойный
regularly	регулярно
to be regulated	регулироваться
to reimburse	возместить
reimbursement	возмещение
to reject	отказаться
rejected	забракованный, отклонён
relations, relationship	отношения
relative to	относительно
release, putting	сдача
release note permitting shipment	разрешение на отгрузку
reliability, safety	надёжность
reluctance	нежелание
to rely upon	полагаться
to remain	оставляться
remaining	остальной
to remind	напомнить
remittance letter	инкассовое поручение
render assistance, cooperate	оказывать содействие
to render a decision	выносить решение
renovated	отремонтирован
renovation	реконструкция
repair	ремонт
repairing	исправление
repeat	повторный
repeatedly	многократно
repetition	повторение
to replace	заменить

replaced	заменён
report	протокол, акт, отчёт
representative	представитель
to request	просить
request	запрос
requesting, demanding	требуя
to require, need	понадобиться
to be required	требоваться
requirement, demand	требование
requiring	требующий
reserve	резерв
to reserve the right	сохранить за собой право
resolution	решение
to resolve	разрешить
to resort to	прибегать, пребегнуть
response	отклик
responsible for	ответственный за
"Responsibility for Particular Average"	"С ответственностью за частную аварию"
to bear responsibility to	нести ответственность перед
restricted, limited	ограниченный
to be restricted	сводиться
result	результат, следствие
as a result, resulting	в следствие
to resume	возобновить
retaining	сохраняя
reticence	сдержанность
return	возвращение, возврат
to return	вернуть
to be revealed	выявляться, выявиться, сказываться
to revise	пересмотреть
revised	исправлен
revoked	отозван
reward	вознаграждение
rewarded	вознаграждён
rigging, fitting	оснастка
right	право
to have right	вправе
rigidity	прочность
risk	риск
rivalry	соперничество
river	река
role	роль
rolling	прокат
rolling stock(railroad)	подвижной состав
room(hotel)	номер
rotating	вращающийся
ruble	рубль
rule	правило
rumor	слух

runners	салазки
runway	взлётно-посадочная полоса (ВПП)
runway	лётная полоса
runways and aircraft directional and maintenance facilities	аэродром
runway border lights	огни боковой кромки ВПП
runway center-line lights	огни осевой линии ВПП
Russian	русский
rust prevention, conservation	консервация

S

"SI" (Systeme Internationale)	"СИ"
safe	надёжный
safety	безопасный
safety	сохранность, безопасность
sailing	отплытие
sale, selling	продажа
sales	продажный
SALT (Strategic Arms Limitations Talks)	ОСВ (Ограничение стратегических вооружений)
same	тот (та, то, те) же
sample	образец
sanction	санкция
satisfaction	удовлетворение
satisfied	удовлетворён
to satisfy	удовлетворять
scale	масштаб, шкала
schedule, program	программа
ones own schedule	собственное время
scheduled flights	запланированные рейсы
scholar	учёный
science	наука
scientific research	научно-исследовательский
scientist	учёный
scrap	лом
screen	экран
sea, ocean	морской
water, sea	водный
secret	тайна
secretariat	секретариат
Secretary of State	министр иностранных дел
section, module	раздел
to secure	заручиться
to see, visit with	повидаться
to seek	искать
to seem	казаться

senior	старший
to select	избрать
selected	избранный
selection	избрание
self-evident	само собой разумеющийся
to sell	продавать, продать
seller	продавец
semi-skilled	малоквалифицированный
senate	сенатский
senator	сенатор
to send	послать
to send, dispatch	отправить
sending, dispatch	засыл
to send out	высылать, выслать
to sense	ощущаться
sense, understanding	толк
sensitive	чувствителен
sent	послан, направленный, от-правленный
serial number	заводской номер
series, row	серия, ряд
serious	серьёзный
service	обслуживание, услуга
service manual	руководство по обслуживанию
service requirments, ob-ligations	обязательства по обслужи-ванию
servicing	обслуживание
set	комплект, набор
set out	изложен
set up, calculated	рассчитан
setting forth	излагающий
setting-up	отладка
to settle claims	урегулировать заявленные претензии
settling	урегулирование
to share	разделять
shared, joint, combined	совместный
sheet, slip	лист
shipment	отправка, отгрузка
to be shipped	отгружаться
shipped	отгружаемый
shipper	отправитель
shipping	экспедиторский, отгрузочный
shipping, shipment	отправление
shortage	нехватка
short-coming	недостаток
shortest possible time	кратчайший срок
short-lived, rapid wear	быстро изнашивающийся
short-term	краткосрочный
showing, indicating	указывающий
shrewd	ловкий

to be sick of	надоесть
side, wall	стенка
side, party	сторона
side/board (of ship)	борт
sign	знак
to sign	подписать
signed	подписанный
to signify, designate	обозначать
signing	подписание
similar	похож, подобно
simple	простой
simultaneously	одновременно
since	так как
site	участок (general)
	площадка (specific)
size	размер
size, dimension, clearance	габарит
to size up as a person	выяснить личные качества
shipped	отгружаемый
sketch	эскиз, чертёж
skill	искусство
skilled	умелый
most skillful	самый искусный
slide, rails	салазки
sling	строп
slinging	строповка
small	невелик
smoothly	гладко
soft-ware	программы системы
soil	почва
sold	проданный
to solicit bids for	объявить конкурс заявок на
soluble	растворимый
solution	разрешение
some	одни
some, certain	некоторый
sometimes	иногда
somewhere	где-нибудь
sophisticated	искушённый
sorting	сортировка
source	источник
Soviet Union	Советский Союз
space, quarters, premises	помещение
spare parts	запасные части, запчасти
who speaks	говорящий
special	специальный
special handling	специальное обращение
special purpose, earmarked	целевой
specialist	специалист

specialized	специализированный
specific	специфический
specific, definite, certain	определённый
specification	спецификация
specified	определённый, специфицирован
to spend, lay out	выложить
spirit	дух
sphere, area	сфера
splendidly	великолепно
spoilage, injury	порча
spoon	ложка
spot	точечный
squared beam	брус, брусья
stacking	укладка
stacking, packing	упаковка
staff, specialists	силы, состав, штат
stage, level of command	инстанция, стадия
stage, period	этап
stagnation	застой
stainless steel	нержавеющая сталь
standard	стандартный
standard	стандарт, эталон
standing up for, defending	отстаивающий
start-up	пуск в эксплуатацию, запуск
state, government	государственный
State Committee on Science and Technology	Государственный комитет Совета Министров СССР по науке и технике
to state, affirm	заявлять
to state ones case	высказаться
statement, bill	счёт
statement, declaration	заявление
statement, report	протокол
stating, stipulation	указание
stay, period of residence	пребывание
to stay, remain	оставаться
step accomplished	совершаемый поступок
stevedoring	стивидорская работа
sticking point, blind alley	тупик
stimulus, motivation	побуждение
stipulate, foresee	предусматривать
stipulated	указанный, оговорённый
stipulation, naming	назначение
to stop	прекратить
stopped	приостановлен
storage	хранение
storage	складский
storing	штивка

stowing	укладка
straight forward	прямолинейный
strategy	стратегия
strict	строгий
stripe, band	обозначать
to strive	стремиться
structural	структурный
structure	построение, структура
structuring	сконструирование
stupid	глуп
Stuttgart	штутгартский
Stuttgart	Штутгарт
subcontractor	субпоставщик
subject	предмет
to be subject to	подлежать
to be subjected to	подвергаться
submission, transmission	передача,появление,подача
to submit	представить
to submit bid	сделать заявку
submitted	передан,предьявлен,поданный
subordination	подчинение
subsequent	последующий
substantive	существенный
substantive law	материальное право
to succeed	удаваться, удаться
success	успех
such	таковой
such a	столь
suffered	понесённый
sufficient	достаточный, надлежащий
suitable	приспособленный,подходящий
sum	сумма
to summarize	подвести итог
summer	лето
summoned	вызванный
to supervise	наблюдать за
supervision	шефнадзор
supplement	дополнение
supplementary	дополнительный
to be supplied	обеспечиваться
supplied	предоставляемый
supplier	поставщик
supplies	принадлежности
supply	поставка
support facilities	вспомогательные средства
to suppose	предполагать
supposedly	якобы
surface	поверхность
to surpass	преобладать
surroundings	окружение
survey	обзор

to suspect	подозревать
syndicate	синдикат
system of measures	система мер

T

table	столовый
table flatware	столовые приборы
tactic	тактика
to take advantage of	воспользоваться
to take into account	учесть
to take into consideration	принять во внимание
to take over	захватить
to take part	принимать участие
to take place	иметь место, происходить
to take steps, measures	принять меры
taken	воспринят
taking into account	с учётом
talk	беседа
tank	танк
tapered cut	скос
target, goal, object	цель
Tartar Autonomous Soviet Socialist Republic	Татарская АССР
tax, levy	налог
taxiway	рулёжная полоса
taxiway lights	огни рулёжной полосы
tea	чайный
technical	технический
technical advice	тенхическая консультация
technical devices, equipment, technical aspects	техника
technical documentation	техдокументация
technical specifications	технические характеристики
technology	техника, технология
telegraph	телеграф
telex	телекс
to tender, make offer	подать заявку на контракт
tens "dozens"	десятки
term	термин
term, date	срок
terminal approach radar	аэродромные радиолокаторы захода
terminal control capability	аэродромная диспетчерская служба
terminal control facilities	средства диспетчекской службы аэродромов
terminal control facilities	средства управления диспетчерской службы
territory, confines	территория

to test	проводить испытание
test	испытательный
test bench	испытательный стенд
tested	испытанный
testimony, certification	свидетельство
testing	испытание
text	текст
textual	текстовый, текстовой
than	нежели, чем
theft	кража
then	тогдашний
thin	тонкий
third party	третье лицо
thoroughly	тщательно
thoroughness	тщательность
threat	угроза
three	3-х (трёх)
three-hour	трёхчасовой
to throw off, rattle	выводить из равновесия
thus	таким образом
timber, lumber	лесоматериал
time, term	срок
in good time	своевременно
title, right of ownership	право собственности
tongue-in-groove	в шпунт
ton	тонна
tooling	оснастка для станков
top	верх
total	общий
total number	общее число
total value	общая сумма
to put in touch	связать
toughness	упорство
trade	торговля
trade delegation	торговая делегация
trade mission	торгпредство (торговое представительство)
trader, businessman	торговец
traffic	движение
to train	обучить
trained	обученный
training device	тренажёр
training facility	тренировочные помещения
training program	учебная программа
trans(transmital)	транс(трансмиталь)
transfer	передача
transfer, placing	перемещение, перегрузка
to transform, turn into	превратить
transit	транзит
in transit	в пути
translator	переводчик

transmission, transmitting	передача
transmitted	переданный
transport	транспортный
transport, transportation	перевозка,транспорт,провоз
transporting	перевозящий
transfer	передача
transshipment	перегрузка
travel, change of location	перемещение
treatment, process	средство
trial, test	проба
trip	поездка
truck, cart	тележка
trust	доверие
to trust	доверить
to try, attempt	пытаться, попытаться
turn-key plant	завод в полной готовности к эксплуатации
to turn into	превратить
in turn, then	затем
to turn out	выпускать
to turn out, prove to be	оказаться
to turn over	кантовать
turning	токарный
type, kind, sort	род, вид, тип
typewriter	пишущая машинка
typical	типичный

U

U.S. Dollar	доллар США
U.S. Export-Import Bank	Эксимбанк США
U.S.S.R. Chamber of Commerce	Торгово-промышленная палата СССР
unanimous	единодушный
unanimously	единогласно
uncorrectable	неустранимый
to uncover, determine	узнать
under construction	строящийся
under no circumstances	ни при каких обстоятельствах
to undergo, be subjected	подвергаться
having undergone	прошедший
to understand	разбираться
to be understood	пониматься
to undertake	заняться
to undertake, obligate oneself	обязываться
undertaking, enterprise	предприятие
unexpected	неожиданный
uninterrupted	бесперебойный

unique	уникальный
unit	единица
unit, assembly	агрегат, узел
unjustified	неоправданный
unlikely	маловероятный
unofficial	неофициальный
unproductive	безрезультатный
unprofitable	убыточный
unskilled	неквалифицированный
unsuccessful	безрезультатный
untimely	несвоевременный
unusual	необычайный
up-dated	модернизирован
upholstering	обивка
upper	верхний
urgent	нетерпящий отсрочки
use	обиход
use	использование
to use, take advantage of	использовать
used	использован
to be used	использоваться
to be used, applied	применяться
useful	полезный
(end)user, consumer	потребитель
usually	обычно
usually done	принято
utility hook-ups	энергетические узлы
utilization	использование
to be utilized	применяться
utilized	применяемый

V

V/O Sovinflot	В/О Совинфлот
valid, in force	действующий
valid, real, authentic	действительный
valued at	стоимостью
vast majority	подавляющая часть
to verify check	проверить
the very, right	самый
vessel, craft, ship	судно
vessel, container	сосуд
via, through	через
vice-president	вице-президент
Viet Nam	Вьетнам
visit	визит
to visit	посетить
visual	визуальный
visual approach aids	визуальные средства захода
visual approach slope indicator	визуальный индикатор посадочной глиссады

voice, vote	голос
volume of traffic	интенсивность движения
volt	вольт
voltage	напряжение
volume, size	объём

W

to waffle, blather	трепаться
wall	стена
warm	тёплый
waste products	отходы
wasted, vain	напрасный
waterproof	водонепроницаемый
way, means	путь
to weaken, wane	ослабляться
to wear down	изнурить
weighing	весом
weight	вес
welded	привариваемый
weld, welding	сварка
spot weld	точечная сварка
well-known	известный
west	запад
Western Countries	капиталистические страны
whey	сыворотка
which	который
which took place	состоявшийся
to whipsaw	бессовестно воспользоваться конкуренцией между фирмами
wholesale	оптовый
width	ширина
to win	выиграть, завоевать
winter	зима
to wish, want, desire	желать
to be withheld	удерживаться
to withhold	удержать
withholding	удержание
within	через
without question	безусловно
wooden	деревянный
in words	прописью
work	работа
work, worker	рабочий
to work at	заниматься
to work out	выработать
to work out, develop	разработать
worked out	выработан
worked piece, blank	заготовка
worker, employee, staff member	работник

working day	рабочий день
workmanship	исполнение
world	мир
world	мировой
worn out	изношенный
to be worth	стоить
writing down, notation	запись
written	письменный

Y

yearly	годовой

Z

Zürich	Цюрих

SELECTED BIBLIOGRAPHY

Business International. *Doing Business with the USSR.* (Geneva: Business International S.A., 1971).

Giffen, James Henry. *The Legal and Practical Aspects of Trade with the Soviet Union,* revised edition. (New York: Praeger, 1971).

Goldman, Marshall I. *Detente and Dollars: Doing Business with the Soviets.* (New York: Basic Books, 1975).

Hoya, Thomas W. and Daniel D. Stein. "Drafting Contracts in U.S. - Soviet Trade," *Law and Policy in International Business,* 7, no. 4 (1975), 1057-1111.

Smith, Hedrick. *The Russians.* (New York: Ballantine Books, 1976).

Smith, Glen Alden. *Soviet Foreign Trade.* (New York: Praeger, 1973).

Stowell, Christopher E. *Soviet Industrial Import Priorities.* (New York: Praeger, 1975).

U.S. Congress, Joint Economic Committee. *Soviet Economy in a New Perspective.* (Washington: U.S. Government Printing Office, 1976).

U.S. Congress, House, Committee on Foreign Affairs. *U.S. - Soviet Commercial Relations: The Interplay of Economics, Technology Transfer, and Diplomacy.* (Washington: U.S. Government Printing Office, 1973).

U.S. Department of Commerce. *Financing East-West Trade.* (Washington: U.S. Government Printing Office, 1976).

U.S. Department of Commerce. *U.S. - Soviet Commercial Relations in a New Era.* (Washington: U.S. Government Printing Office, 1973).

U.S. Department of Commerce. *Overseas Business Report (USSR).* (Washington: U.S. Government Printing Office, periodically).

U.S. Department of Commerce. *U.S. Trade Status with Communist Countries.* (Washington: U.S. Government Printing Office, periodically).

Геращенко, В. С. *Денежное обращение и кредит СССР.* Издательство "Финансы," Москва, 1970.

INSTRUCTIONS FOR THE SIMULATION COORDINATOR

Read carefully the general introduction to the Soviet-American Trade Simulation.

The material following these instructions constitutes two separate trade simulations. In the first simulation(Первый сценарий)there are detailed instructions for four separate teams - two Soviet and two American. In the second(Второй сценарий),there are instructions for five teams - two Soviet and three American. A list of those instructions is as follows:

Scenario	Team	Number of Pages
I	V/O Stankoimport	4
I	Committee on Science and Technology	2
I	Premier Tool	5
I	Bureau of East-West Trade	2
II	V/O Aviaexport	7
II	Committee on Science and Technology	4
II	Aviation Electronics, Inc.	7
II	Bureau of East-West Trade	5
II	Department of Defense	2

Each simulation has a separate vocabulary list. The first simulation is simpler both technologically and politically than the second one. The crucial teams in both simulations represent the Soviet FTO and the American company. The best students should be assigned to these two teams, and they should be as evenly matched as possible. The other teams play a subsidiary role and can be eliminated if necessary. They do, however, add a very desirable dimension to the simulation and should be fielded if possible.

Each team member should
                        team, and also a copy of the vocabulary list for that simulation. Care should be taken that no participant sees the instructions of a team other than his own.

During the course of the negotiations, the coordinator should keep as low a profile as possible. He or she should be sure that all meetings take place as scheduled, and that he is available to answer procedural questions. The coordinator should assist with translation difficulties as a last resort, but every effort should be make to avoid breaking the illusion of real negotiations. If affairs seem to be coming to a halt, however, he or she should not hesitate to inject an observation which will give new directions to the game.

Another way to stage the simulations is to persuade a group of non-Russian speaking business students who are interested in East-West trade to participate as American businessmen. This is especially desirable where the number of Russian speaking students is small. When this is done, students representing the Soviet teams speak only Russian, the students representing American teams speak only English, and some students must then play the new role of interpreter. This in fact more closely replicates reality than conducting the negotiations entirely in Russian. This method takes more time, however, and the role of interpreter is extremely arduous.

ПЕРВЫЙ СЦЕНАРИЙ – В/О СТАНКОИМПОРТ

Согласно директивам 25 съезда Коммунистической Партии Советского Союза(КПСС), Совет Министров СССР и Государственный плановый комитет(Госплан)объявили строительство завода по производству столовых приборов из нержавеющей стали первоочередной стройкой текущей пятилетки. В результате этого Госплан СССР дал инструкции МВТ заключить контракт о проектировании, строительстве и сдаче завода в полной готовности к эксплуатации производительностью – 15 млн. штук столовых приборов из нержавеющей стали в год. Сам завод и его технологические процессы должны соответствовать самым высоким современным техническим мировым стандартам и он должен быть спроектирован таким образом, чтобы удовлетворить конкретные запросы советских людей, как сформулировали Министерство машиностроения по пищевой и лёгкой промышленности и Госкомитет по науке и технике.

Будучи главным представителем советской стороны, В/О Станкоимпорт установит контакт с фирмой "Премьер Тул", Толедо, Охайо, США, техническое представление которой наиболее полно удовлетворяла запросы Министерства машиностроения по пищевой и лёгкой промышленности, в ведении которого будет находиться завод. Представление первоначальных заявок и технические дискуссии были завершены в Москве несколько ранее в этом же году. Вначале конкурировали четыре фирмы: две из США, одна из ФРГ, и одна из Японии. Хотя к заявке японцев отнеслись благосклонно, всё же выбрали заявку фирмы "Премьер Тул" для ведения дальнейших переговоров по такой существенной причине: хотя цена её была значительно выше той, которую просила японская фирма, "Примьер" первая разработала большую часть передовой технологии производства, которую использовали японцы и другие фирмы в своих заявках. По мнению Госкомитета по науке и технике предложение этой фирмы окажется в конце концов более продуктивным, экономичным и технически совершенным.

Фирма "Премьер Тул" имеет значительный опыт в проектировании и эксплуатации подобных заводов. Примерно два года тому назад фирма запустила в действие в Италии высокоавтоматизированный завод по производству столовых приборов, основные спецификации которого соответствовали тем, которых требовало Министерство машиностроения по пищевой и лёгкой промышленности. В течение первого года производительность превысила 12 млн. штук столовых проборов в год, на что было затрачено 4.050 часов работы завода, составляющих 75% всей его производственной мощности. Хотя итальянский завод считается своего рода самым совершенным (эталоном) в этой области, "Премьер Тул" указал, что определённые изменения в проекте могут увеличить производительность с 2962,96 штук в час, примерно, до 3030,3 при нагрузке составляющей 75% всей мощности. Потенциальная возможность выпускать 15 млн. штук столовых приборов не более, чем за 5.000 часов работы в год считается очень важной для всех советских участников. Эти 15 млн. штук столовых приборов должны быть разделены по категориям следующим образом: 3 млн. обычных ножей, 1 млн. дессертных ножей, 3 млн. столовых ложек, 4 млн. чайных ложек и 4 млн. вилок. Сделка должна охватить все элементы проектирования, оснащения, установка и запуска завода. Продавец обязан поставить всё производственное оборудование, специальную оснастку для станков, вспомогательное перегрузочное оборудование, запасные части, необходимые для монтажа завода и обслуживания его в течение установленного контрактом периода. Кроме того, продавец обязан обеспечить обучение всех ведущих советских специалистов, всю техническую документацию, инструкции по эксплуатации и обслуживанию, диаграммы, графики и чертежи. Продавец должен контролировать монтаж и запуск завода, но в целом он должен пробыть не более 160 дней в Советском Союзе. С продавцом нужно оговорить соответствующие гарантии, сроки доставки и размер неустойки, а также обеспечить соответствие получаемых изделий советским стандартам по технике безопасности, здравоохранению и гражданским законам. Готовый завод должен быть полностью введён в эксплуатацию не позднее, чем через 22 месяца со дня подписания контракта, хотя и желательно закончить строительство раньше срока. Наконец, покупатель доставит инженерам фирмы чертежи столовых приборов как можно быстрее, в реальном сроке а также возьмёт на себя после получения соответствующей документации от продавца строительство помещений, в которых будет размещено оборудование.

Предлагаемый завод по производству столовых приборов будет выстроен в подходящем месте, легко доступном для главных населёных пунктов Советского Союза и Восточной Европы. Необходимая электроэнергия, вода и транспортные средства будут обеспечены Министерством машиностроения по пищевой и лёгкой промышленности, которое также обеспечит достаточное количество неквалифицированной и малоквалифицированной рабочей силы. Только после доставки всех планов и некоторой части оборудования представителям фирмы разрешат на поездку на строительный участок завода, и это произойдёт только после получения специального разрешения от министерств, участвующих в осуществлении проекта. Фирме, конечно, будут предоставлены все необходимые технические отчёты советских инженеров, необходимые для проектирования завода.

Другие важные моменты, которые нужно обсудить во время переговоров, таковы:

Цена. Очевидно, желательно удовлетворить требования Министерства машиностроения по пищевой и лёгкой промышленности наиболее экономичным способом. Во время вступительных дискуссий представители фирмы "Премьер Тул" указали, что предлагаемый завод благодаря требуемым дополнительным строительным и технологическим усовершенствованиям, будет стоить значительно дороже итальянского завода, стоимость которого составляет свыше 7,5 млн. долларов. По мнению проектировщиков Министерства дополнительная стоимость должна быть пропорциональна увеличению производительности. Ни при каких обстоятельствах цена не должна превысить 8,625 млн. долларов. Если бы требования американской фирмы получить высокую цену оказались нереальными, существует возможность возобновить переговоры с японской фирмой.

Форма платежа. Совет Министров стремится к достижению соглашения о взаимовыгодной форме компенсации. В идеальном случае стороны стремятся к осуществлению компенсационной сделки, хотя, по сути, сотрудники Станкоимпорта должны решить по своему усмотрению, какая форма платежа для них наиболее удобна и благоприятна.

Условия платежа. Представители В/О и в этом случае должны по своему усмотрению определить условия платежа. Однако, предполагается, что продавец принимает на себя ответственность за отгрузку изделий, пока они не погружены и не находятся в безопасности на борту перевозящего их судна. Наиболее приемлемыми являются условия ф.о.б. и с.и.ф.

Штрафные неустойки. Чтобы гарантировать сроки доставки и удовлетворить требования в отношении технических спецификаций завода, устанавливаются штрафные неустойки с тем, чтобы компенсировать покупателю какие-либо причинённые неудобства.

Инспекция и обучение. Должны быть выработаны положения, в которых подчёркивается обязанность продавца обучить советский персонал и принимать советских инспекторов.

Запасные части и обслуживание. Желательно, чтобы было достигнуто долгосрочное соглашение, по которому продавец может гарантировать достаточное количество запасных частей, включая специальные смазочные масла, части, подлежащие частой замене из-за быстрого износа и другие детали, необходимые для обслуживания. Можно также включить пункт о вызовах специалистов.

В итоге, предложение, сделанное фирмой "Премьер Тул", наиболее полно отвечало требованиям советского производства столовых приборов. Благодаря недавним усовершенствованиям в переносе изделий от одного этапа производственного процесса к другому и сокращению потерь сырья в процессе производства, "Премьер" может считаться ведущей в мире фирмой по технологии производства столовых приборов из нержавеющей стали. Так как советский завод будет самым большим, самым высокопроизводительным и наиболее усовершенствованным заводом такого рода, то очень желательно, чтобы "Премьер" обеспечил техническое руководство, необходимое для проектирования и монтажа предприятия. Неспособность представителей фирмы удовлетворить требования, выдвинутые Министерством машиностроения по пищевой и лёгкой промышленности либо просто нежелание их договориться о реальной цене, может заставить Министерство внешней торговли заняться японским контрактом.

Выполняя предусмотренные в текущем Пятилетнем экономическом плане цели по увеличению производства потребительных товаров домашнего обихода и улучшению качества советских промышленных товаров, Госплан дал указания МВТ вести переговоры о запроектировании и оснащению завода по производству столовых приборов из нержавеющей стали. Под руководством Министерства машиностроения по пищевой и лёгкой промышленности, которое будет руководить построенным заводом, завод должен быть построен и запущен в эксплуатацию не позднее, чем через 22 месяца после подписания контракта. Его производственная мощность составит 15 млн. штук столовых приборов в год, на заводе будет применена самая передовая техника, существующая сейчас в этой области.

Всесоюзное объединение В/О Станкоимпорт было выделено МВТ в качестве главного представителя СССР в переговорах с иностранными фирмами. На сотрудников Станкоимпорта будет возложена ответственность за все мероприятия, связанные с проектированием, организацией, монтажом и пуском завода в эксплуатацию, а также за заключение контракта с представителями западной фирмы, которая в состоянии выполнить все требования, сформулированные Министерством машиностроения по пищевой и лёгкой промышленности. Уже состоялись вступительные переговоры между сотрудниками министерства и представителями четырёх иностранных фирм ("Премьер Тул", Толедо, Охайо, США; Сайкаку-Бей, Лтд., Токио; и ещё две фирмы).

Сотрудники министерства пришли к выводу, что заявка "Премьера", с учётом некоторых изменений, наиболее полно удовлетворит их требования.

Комитет по науке и технике разделяет эту точку зрения по двум главным причинам. Во-первых, поскольку "Премьер" создал большую часть передовой технологии в области скоростной обработки металлов, а также построил и запустил в эксплуатацию другие заводы по скоростному производству столовых приборов, Комитет решил, что их оборудование и техника окажутся более эффективными и легко приспособляемыми к удовлетворению конкретных нужд СССР. Но что более важно, фирма "Премьер Тул" недавно разработала скоростной автомат, выполняющий автоматическую сортировку, упаковку, погрузку, и который, как ожидают, позволит значительно сократить время, затраченное на производство. Хотя агрегат ещё не был внедрён на других заводах столовых приборов, "Премьер" указал, что фирма собирается

1/2

применить это усовершенствование в предлагаемом Советскому Союзу заводе.

Значение этого нововведения велико как для советской промышленности по производству столовых приборов из нержавеющей стали, так и для всего советского промышленного сектора в целом. Если новый завод будет оснащён новым агрегатом для сортировки, укладки и погрузки, то преимущества, которые даст применение этого агрегата, будут использованы в десятках других отраслей промышленности. Новые достижения в применении скоростных, автоматизированных производственных процессов окажут непосредственное и значительное влияние на советское производство. Специалисты, работающие на заводе столовых приборов смогут применить свои знания и приобретённый опыт в других секторах хозяйства. Короче говоря, высшее руководство Госкомитета по науке и технике считает внедрение этой сложной аппаратуры в советскую экономическую систему значительно более важным фактором, нежели возможность уплаты более низкой цены или получения прибылей для всего Министерства машиностроения и, в частности, для промышленности столовых приборов.

Исполняя роль консультанта Госкомитета по науке и технике, участник должен будет наблюдать за ходом переговоров и давать сотрудникам Станкоимпорта любые указания, которые он сочтёт необходимыми. Их следует осведомить о значении преимуществ, предлагаемых фирмой "Премьер Тул" и их следует убедить, если возможно, стремиться к заключению контракта с этой фирмой, независимо от цены. Эту задачу, конечно, не легко выполнить. Хотя МВТ осведомлено о позиции, занимаемой Госкомитетом по науке и технике, можно предположить, что оно будет действовать в соответствии со своими целями и курсом. Консультант должен, однако, чётко сформулировать интересы Госкомитета в надежде, что можно будет достичь взаимоприемлемого результата.

Фирма "Премьер Тул" (Толедо, Охайо) существует с 1906 года. Размещённая в промышленном центре Соединённых Штатов, фирма приобрела известность в качестве одной из наиболее прогрессивных и конкурентноспособных фирм в области промышленного оборудования и станкостроения. Вначале "Премьер" ограничивался проектированием, монтажом и продажей прессов для проката тяжёлых металлов и литейных форм, но позднее, рост американской промышленности в результате Второй мировой войны явился толчком для фирмы "Премьер Тул" к тому, чтобы войти в новые различные области промышленности. Наиболее примечательным вкладом "Премьера" в промышленности военного времени, явился созданный фирмой автоматизированный скоростной токарный станок, который применялся в производстве прецизионных частей для авиаприцелов и введённые ею новые технологии а также разнообразные возможности применения их на сборочных линиях. Благодаря тесному сотрудничеству с заказчиком и новаторскому подходу к трудным проблемам, фирма "Премьер" стала одним из главнейших поставщиков промышленного оборудования в стране, а валовой доход её взрос до 320 млн. долларов за последний финансовый год.

После войны фирма "Премьер" продолжала расти с удивительной быстротой. Уже не связанная с оборонной промышленностью, Фирма начала искать новые рынки. К середине 50-х годов фирма специализировалась в проектировании и производстве станков и оборудования, изготовляемых по заказу; прежде её деятельность сводилась только к поставке обычного промышленного оборудования, теперь же фирма начала разрабатывать и производить специальное оборудование, изготовляемое на заказ для самых различных отраслей промышленности. Кроме того, фирма расширила свой конструкторский отдел, чтобы иметь возможность принимать заказы на проектирование целых заводов и производственных процессов, и вскоре фирма стала одной из лучших в этой области. К середине 60-х годов фирма "Премьер" была признана одной из ведущих фирм мира по планированию и проектированию сложнейших металлообрабатывающих заводов.

В то время, как в Соединённых Штатах "Премьер" был признан всеми, как одна из лучших фирм в своей области, он практически был неизвестен на мировых рынках. Опасаясь застоя на внутреннем рынке, правление директоров фирмы решило, что настало время выйти на мировые рынки и приступило к энергичной кампании по продаже своей продукции в 1969 году. К концу

1974 года внешнеторговые сделки "Премьера" уже преобладали над продажей её изделий внутри страны, поскольку фирме удалось заключить контракты в четырнадцати европейских и южно-американских странах.

Три месяца тому назад начальник отдела европейской торговли и один из старших инженеров фирмы были приглашены в Москву, чтобы представить заявку на проектирование завода и технологического процесса по производству 15 млн. штук столовых приборов из нержавеющей стали ежегодно. Ещё три фирмы претендовали на получение контракта: одна американская, одна немецкая, и одна японская фирма. Были организованы встречи представителей каждой из этих фирм с представителями Министерства машиностроения по пищевой и лёгкой промышленности, которое должно было руководить строительством и эксплуатацией завода. Вступительные переговоры продолжались почти десять дней, в течение которых советские специалисты, которые должны были заниматься эксплуатацией завода, встретились с представителями фирм, чтобы обсудить свои требования.

Проект, представленный в заявке фирмой "Премьер" предусматривает две фазы. В первую входит вся документация: технологические схемы, монтаж, установки, запуск, инструкции по эксплуатации, описание, производственных процессов, списки и описание станков и оборудования; а во второй заказчику представлено информацию плюс всё оборудование, станки, технический надзор, обучение, запасные части и техническое обслуживание в течение определённого периода времени после запуска. По существу фирма "Премьер Тул" обеспечит всё оборудование плюс проект и пуск в эксплуатацию всего завода. Советская сторона, в свою очередь, обеспечит строительство помещения, в котором будет размещено оборудование и доставит "Премьеру" эскизы столовых приборов, которые будут выпускаться заводом. В принципе, обе стороны пришли к соглашению относительно того, каким образом "Премьер" удовлетворит требования советского покупателя, если от этой фирмы будет принято предложение.

В Министерство машиностроения по пищевой и лёгкой промышленности поступили сведения о том, что фирма "Премьер" занимается проектированием и монтажом заводов, производящих столовые приборы из нержавеющей стали, и что фирма построила такой завод в Таранто(Италия). Завод был построен в 1972 году, его годовая производительность составляла 12 млн. штук столовых приборов за 4.050 часов работы завода, причём оборудование использовалось только на 75%. Хотя завод этот признан самым передовым в мире, русские требовали значительного увеличения производительности; предлагаемый советский завод должен будет производить 15 млн. штук столовых приборов не более, чем за 5.000 часов работы, при использовании 75% всей его мощности. Хотя советские требования трудно будет удовлетворить, специалисты фирмы "Премьер" пришли к выводу, что это можно сделать путём изменения конструкции некоторых узлов итальянской системы и использования скоростного автомата для сортировки, упаковки и погрузки, который значительно сократит время, затрачиваемое на различных этапах производственного процесса. По расчётам специалистов производительность итальянского завода может возрасти с 2962,96 штук в час до 3030,3 штук в час, благодаря внедрению этого приспособления.

Все эти изменения и оснащение новой техникой потребует, однако, дополнительных затрат времени и денег, что подчеркнул торговый представитель "Премьера" в переговорах с русскими. Когда его попросили сказать стоимость всего проекта, он уклонился от ответа и заявил, что "Премьер" готов поставить такой же самый завод, за общую сумму 7,5 млн. долларов. Более конкретная цена будет представлена на рассмотрение, добавил он, только после, того как он проконсультируется с руководством фирмы в Охайо и детально изучит проект. Русские поблагодарили его за техническую презентацию и распрощались с делегацией "Премьера"; оба представителя возвратились в США в тот же вечер и на следующий день сообщили обо всём происходящем правлению директоров.

Руководство "Премьер Тула" было удовлетворено отчётом своих торговых представителей, но было несколько озадачено, так как им не были ясны намерения русских. Благодаря сложной системе передачи "слухов" в промышленности, стало известно, что конкурирующие американская и немецкая фирмы были отстранены русскими, и предпочтение отдалось, повидимому, японской фирме Сайкаку-Бей, Лтд., из Токио. Более того, японская фирма сделала заявку на проект, который был очень похож на проект фирмы "Премьер" и даже назначила цену 8,1 млн. долларов за проект. В результате этого руководство фирмы "Премьер" пришло к выводу, что заявка их фирмы не заинтересовала русских и что японская фирма получит контракт. На всякий случай она решила всё-таки изучить проект, разработать более детальное предложение и назначить цену за проект.

К большому удивлению сотрудников фирмы два месяца спустя из Москвы был получен телекс от В/О Станкоимпорта с просьбой, чтобы "Премьер" прислал в СССР делегацию для продолжения переговоров. Были сделаны необходимые приготовления и через неделю делегация прибыла в Москву с детальным техническим представлением и предложением.

Конструкторский отдел пришёл к заключению, что действительно, есть возможность изменить итальянский вариант, чтобы удовлетворить советские требования. Модификация процесса повлечёт за собой включение в существующую систему нового автомата для сортировки, упаковки и погрузки Р2Д2. Кроме того, незначительные изменения процесса работы и механических характеристик остального оборудования приведут к желаемым результатам, то есть, к повышению производительности при использовании только 75% всей мощности оборудования. Хотя спецификации ещё не полностью соответствовали требованиям русских, было ясно, что они близки к характеристикам, которые бы могли удовлетворить их требования. Предварительная цена 8,96 млн. долларов была назначена за весь проект, а для выполнения заказа потребуется 24 месяца после подписания контракта. С этими данными делегация отправилась в Москву для ведения переговоров со Станкоимпортом, в надежде заключить крупный контракт на новом для фирмы рынке.

Делегация "Премьер" была хорошо подготовлена к обсуждению всех вышеупомянутых вопросов, а также к выяснению вопроса о предоставлении нижеизложенных услуг, которые могут быть затронуты представителями В/О Станкоимпорта:

1. предоставить покупателю все информации и поделиться опытом, необходимыми для проектирования, монтажа, введения в эксплуатацию, обслуживания и ремонта оборудования;

2. предоставить покупателю всю техническую документацию, связанную с технологией производства столовых приборов, и соответствующую самым высоким мировым техническим стандартам, которые существуют в моменте исполнения контракта;

3. обеспечить нормальную, бесперебойную работу оборудования и достижения всех количественных и качественных характеристик;

4. спроектировать, изготовить, продать и доставить оборудование и все необходимые для него запчасти и оснастку;

4/5

5. снабдить всеми специальными инструментами и материалами, необходимыми для приготовительных работ, связанных с пуском;

6. спроектировать завод и технологический процесс в соответствии с советскими правилами по технике безопасности, установке энергетических узлов и т.п.;

7. обучить в США инженеров и специалистов с обеспечением их жилплощадью и содержанием на срок обучения;

8. контролировать монтаж и пуск завода в эксплуатацию;

9. обеспечить весь советский персонал, высылаемый в США на обучение, всеми необходимыми въездными визами;

10. разрешить советским инженерам проверить товары, предназначенные для отправки в СССР;

11. по согласованию между обеими сторонами поселить на определённое время в районе строительства завода несколько американских инженеров для лучшего надзора и обеспечения нормальной работы завода;

12. уточнить какой вид материала будет использован в производственном процессе и установить требуемое количество, а также нормы отходов;

13. получить все необходимые экспортные лицензии от соответствующих американских учреждений.

Примерно два месяца тому назад представители фирмы "Премьер Тул" встретились в Москве с сотрудниками Министерства машиностроения по пищевой и лёгкой промышленности, чтобы обсудить возможности запроектирования и оборудования для завода по производству столовых приборов из нержавеющей стали. Стремясь увеличить производство товаров широкого потребления, в том числе товаров домашнего обихода, министерство потребовало, чтобы завод выпускал 15 млн. штук столовых приборов в год, не более, чем за 5.000 часов работы оборудования; причём на заводе должны применяться самые передовые технологии, отвечающие наивысшим мировым стандартам. На начальной стадии переговоров министерство связалось с тремя фирмами и две из них—фирмы "Премьер Тул" и "Сайкаку-Бей, Лтд."—были, по-видимому, выбраны для дальнейших переговоров. Представители фирмы "Премьер Тул" отправляются в Москву в ближайшие дни для проведения существенных переговоров с В/О Станкоимпорт, главным представителем Министерства машиностроения по пищевой и лёгкой промышленности.

Из информации, которой вы располагаете, следует, что русские чрезвычайно заинтересованы в заключении контракта с "Премьером". Хотя предлагаемая в заявке японской фирмы цена была значительно ниже ориентировочной цены, предложенной фирмой "Премьер" русские, по-видимому, всё-таки предпочитают американскую заявку. По некоторым сведениям Министерства иностранных дел США стало известно, что предпочтение это может быть результатом стремления русских внедрить и в другие отрасли промышленности самую передовую в мире высокоавтоматизированную технологию, предлагаемую фирмой в заявке. Хотя это только предположение, хорошо известно, что основной целью текущей пятилетки является повышение производительности, а также более широкое внедрение наиболее современных технологий в советскую экономическую систему.

В качестве консультанта американской делегации вы будете обязаны давать руководящие указания представителям фирмы "Премьер Тул", если они им потребуются. Вы должны располагать сведениями о вероятности получения выгодных кредитных займов от банков, подерживаемых правительством и сообщить об этом американским представителям. Вы должны быть в состоянии информировать делегацию о возможности получения экспортных лицензий и виз для советских инспекторов сразу же после заключения контракта. Если возможно, вы должны проинструктировать американских деловых

1/2

представителей о возможных намерениях и/или побуждениях, которыми руководствуется советская сторона. Наконец, вы должны быть в состоянии оказывать иные услуги или давать руководящие указания, о которых вас попросит американская команда в ходе переговоров.

Словарь первого сценария

авиаприце́л	bomb-sights
автома́т	automatic machine
агрега́т	device
безопа́стность	safety
валово́й	gross
дохо́д	income
веду́щий	leading
ви́лка	fork
вклад	contribution
внедрён	incorporated
возло́жен	placed on
возобнови́ть	to resume
возрасти́	to increase
всё же	never-the-less
вспомога́тельный	ancillary
въездно́й	entry
выдви́нутый	advanced
вы́делен	designated
вы́зов	call
выстро́ен	constructed
годово́й	yearly
дессе́ртный	dessert
деся́тки	tens ("dozens")
директи́в	directive
дополне́ние	addition
досту́пный	reached
заня́ться	to undertake
запро́с	need
засто́й	stagnation
затра́чен	expended
защища́ющий	protecting
здравохране́ние	health
инструкта́ж	instructions

как мóжно скорéе	as soon as possible
кампáния	campaign
в концé концóв	in the final analysis
лёгкий	light
литéйная фóрма	metal casting
лóжка	spoon
малоквалифицрóванный	semi-skilled
мáсло	oil, grease
машиностроéние	mechanical engineering
мóщность	capacity
нагрýзка	load
при нагрýзке составля́ющей 75% всей мóщности	at 75% capacity
намéченный	projected, planned
населённый	populated
неквалифицрóванный	unskilled
нержавéющий	non-corrosive
нержавéющая сталь	stainless steel
неустóйка	penalty
ни при каки́х обстоя́тельствах	under no circumstances
нож	knife
обихóд	use
оборóнная промы́шленность	defense industry
оборýдован	equipped
озадáчен	mystified
опасáться	to apprehend, avoid
ориентри́ровочный	position finding
оснáстка	rigging, fitting
оснáстка для станкóв	tooling
оснащéние	fitting, equipping
отнести́сь благосклóнно	to be evaluated favorably
отстранён	eliminated
отхóды	waste products
отчёт	report

охвати́ть	to encompass
первоочередный	first priority
перегру́зочный	handling, transferring
передово́й	advanced
перено́с	conveying
пищево́й	food
повле́чь	to entail
подходя́щий	suitable
поте́ря	loss, waste
правле́ние	board
преоблада́ть	to surpass
пресс	press
пресс для прока́та тяжё- лого мета́лла	heavy metal press
прибо́р	instrument
проектиро́вщик	planner
прока́т	rolling
проконсульти́роваться	to consult
пропорциа́лен	proportional
приспособля́емый	adaptable
разделён	divided
разделя́ть	to share
размещённый	located
разрабо́тать	to work out, develop
распроща́ться	to bid farewell
на рассмотре́ние	for consideration
сбо́рочная ли́ния	assembly line
своди́ться	to be restricted
скоростна́я обрабо́тка мета́ллов	high-speed metal fabrica- tion
слух	rumor
сма́зочный	lubrication
снабди́ть	to provide
сократи́ть	to reduce, cut down
сортиро́вка	sorting

спи́сок	inventory
столо́вый	table
столо́вые прибо́ры	table flatware
станкостроéние	machine-tool construction
стано́к	machine-tool
стро́йка	construction
по сути́	in point of fact
сформули́ровать	to articulate, formulate
сырьё	raw materials
технологи́ческие схéмы	flow charts
тока́рный	turning
тока́рный стано́к	lathe
толчо́к	push, incentive
увели́чить	to increase
уда́ться	to succeed
укла́дка	stacking
уклони́ться	to defer
упако́вка	stacking, packing
усоверше́нствование	improvement
ча́йный	tea
электроэне́ргия	electric power
энергети́ческие узлы́	utility hook-ups
этало́н	standard

За последние два года в Советском Союзе произошло, как минимум, девять воздушных катастроф самолётов гражданской авиации, в результате чего погибло большое количество людей. Из-за этого и частично из-за запутанных и непоследовательных процедур системы Управления воздушным движением(УВД), устаревшего оборудования УВД, плохо обученного персонала и недостаточных навигационных средств воздушных путей сообщения, среди пилотов международных авиалиний Советский Союз приобрёл репутацию опасного воздушного пространства. Всего лишь шесть месяцев тому назад Ассоциация пилотов международных авиалиний послала официальный протест Министерству гражданской авиации требуя, чтобы советское правительство пересмотрело свою систему УВД и заменило изношенное оборудование. Кроме того, представители крупных международных авиакомпаний, обслуживающих Советский Союз выразили свою озабоченность перегруженностью советской системы УВД, её процедурами, персоналом и оборудованием.

Советская гражданская авиационная промышленность значительно менее сложна и разнообразна, чем авиационная промышленность большинства западных индустриальных стран. Из-за того, что в Советском Союзе имеется сравнительно небольшое количество самолётов принадлежащих частным лицам, подавляющая часть воздушного движения приходится на запланированные рейсы государственных авиалиний. К тому же, создание и эксплуатация эффективной и безопасной системы УВД минимально сложны, поскольку государственной авиалинией является единственная советская авиакомпания Аэрофлот. И именно этим руководствовалось Министерство гражданской авиации в своём небрежном подходе к управлению советским воздушным пространством. Этой роскоши оно не может себе более позволить. Среди первоочередных задач текущей пятилетки, предложенных Государственным плановым комитетом(Госплан)и одобренных Советом Министров СССР, есть и реконструкция системы УВД. В результате встреч между Министерством гражданской авиации и Госкомитетом по науке и технике был выработан ряд рекомендаций:

1. Министерство гражданской авиации должно немедленно обратиться за технической консультацией к иностранным источникам для выяснения альтернативных методов сконструирования и эксплуатации советской системы УВД.

2. Всё оборудование УВД, включая средства диспетчерской службы аэродромов, навигационное

1/7

оборудование, радиолокаторы и вспомогательные средства должны быть модернизированы с учётом их настоящего и будущего использования, а в случае необходимости, заменены.

3. Все существующие процедуры УВД должны быть исправлены таким образом, чтобы они соответствовали существующим процедурам, которые приняты в качестве стандарта во всём мире.

4. Весь персонал УВД будет обучен этим новым процедурам и на новом оборудовании.

5. По инструкции Министерства гражданской авиации МВТ должно объявить конкурс заявок на закупку нужного оборудования и/или технической экспертизы, необходимых для реконструкции системы УВД.

В соответствии с первой рекомендацией персонал Министерства гражданской авиации посетил состоявшуюся недавно в Париже Международную авиационную выставку, чтобы осмотреть некоторые радиолокационные экспонаты УВД и установить контакты с представителями нескольких фирм, производящих авиационное электронное оборудование. Во время восьмидневного пребывания в Париже, советская делегация встретилась с представителями шести фирм и старалась получить технические характеристики и справочники, рекомендации по улучшению советской системы УВД и общие информации о методике УВД в капиталистических странах. Потом сделала запросы в трёх фирмах на представление подробных предложений по реконструкции советской системы УВД, с использованием оборудования этих фирм и стандартных западных методик. Хотя советская делегация отдавала себе отчёт в трудности запроектирования столь сложной системы в такой короткий срок и, одновременно, не очень хотела конкретизировать свои требования, три фирмы представили три в значительной степени отличающиеся друг от друга системы на основе экстраполяции советских нужд.

В некоторых отношениях все три системы были подобны. Во-первых, в каждом из них безопасность была на первом месте перед интенсивностью движения. В отличии от американской системы УВД, которая ежедневно управляет сотнями тысяч полётов советская система работает на значительно низшем уровне интенсивности, что влечёт за собой иную методику эксплуатации и другие основы проектирования. Во-вторых, каждое предложение рекомендовало полностью отказаться от использования существующей в настоящее время в СССР техники аэродромного управления в пользу более сложной интегральной системы, включающей связь "земля-воздух", наземную радиолокацию и импульсные приёмопередатчики на самолётах, а также системы слепой посадки(ССП). Предлагаемые системы расширили бы диапазон аэродромной диспетчерской службы, по крайней мере, в радиусе до шестидесяти километров(примерно тридцати шести миль). Наконец, во всех трёх предложениях рекомендовалось установить новые системы радионавигационной аппаратуры на внутренних трассах.

Значительные расхождения по другим вопросам в предлагаемых системах отражали, однако, различное понимание этими фирмами советских нужд. Наиболее обширное из трёх предложений, которое было представлено компьютерной фирмой ХАЛ(Рим, Нью-Йорк), рекомендовало систему, оснащённую вычислительным центром, управляющим воздушным движением по всей стране. Эта система должна автоматически интегрировать маршрут полёта, маршрутное и аэродромное сопровождение при подходе, а также связь с диспетчерским пунктом при посадке с помощью вычислительной машины ХАЛ Серии 9000. В предложении фирмы ХАЛ были также включены средства наземного радиолокаторного управления в перегруженных аэропортах, полные системы посадки ССП во всех важнейших аэропортах и замену визуальных средств захода, таких как визуальный индикатор посадочной глиссады, вращающиеся аэродромные маяки, огни осевой линии ВПП*, огни боковой кромки ВПП и огни рулёжной полосы. Наименее сложным из трёх предложений было то, которое представила фирма "Бауэр Электроника"(Франкфурт). Фирма предложила ремонт и/или замену всех вращающихся аэродромных маяков, радионавигационных устройств, аэродромных радиолокаторов, средств связи, а также установку визуальных индикаторов посадочной глиссады во всех главных аэропортах.

Третья фирма--"Авиаэлектроника,Инк."(Пало Альто, Калифорния)--предложила третий подход к разрешению проблемы советского УВД. Вместо того, чтобы просто заменить износившееся оборудование, расширить услуги УВД для облегчения работы пилотов и изменить методы эксплуатации, "Авиаэлектроника, Инк." предложила включить обширную учебную программу для диспетчеров, с тем, чтобы обучить их технике работы с новым оборудованием и новым процедурам, а также помочь им научиться общему мастерству управления. В первую часть предложения вошли многие основные пункты плана ХАЛ: аэродромные

---

*взлётно-посадочная полоса

радиолокаторы захода и радиосвязь будут модернизированы; маршрутное радиолокаторное сопровождение будет обеспечено; будут сконструированы новые радионавигационные устройства, а старые модернизированы; вращающиеся аэродромные маяки будут заменены или отремонтированы. Дополнительные важные улучшения, такие как: наземные радиолокаторы, усовершенствованные системы ССП и модернизированные аэродромные огни, могли бы быть куплены по другим контрактам. Наконец, компьютерная регистрация маршрутов и координация услуг УВД будут выполнены несколькими небольшими вычислительными машинами (ВМ), размещёнными в отдельных помещениях, что представляется более удобным, чем использование для этой цели централизованной ВМ большой ёмкости, как это предлагала фирма ХАЛ.

Во второй части плана фирмы "Авиаэлектроника" было предложено сконструировать специальное помещение для обучения УВД, в котором будет размещено тренировочное оборудование для операторов УВД, сложное компьютерное и радиолокаторное оборудование, предназначенное для практической тренировки, и классные комнаты для проведения занятий и демонстраций. Американские специалисты, хорошо ознакомленные с американскими методами УВД и эксплуатацией нового оборудования будут обучать советский персонал, а техники фирмы будут наблюдать за распаковыванием и установкой оборудования. Дополнительно к техническим консультациям и обучению персонала, Авиаэлектроника предоставит также программы ВМ, основанные на американских методах работы.

Советская делегация заинтересовалась предложением фирмы. Особенно привлекло её предложение фирмы не модернизировать всей советской системы УВД, а создать программу модернизации управления по районам и авиатрассам интенсивного движения. Это улучшит обслуживание в областях, на которые приходится большая часть воздушного движения в СССР, а вызовет минимальное изменение всей системы в целом. Другие аэропорты и авиатрассы могут быть усовершенствованы в будущем, по мере необходимости. Кроме того, план фирмы "Авиаэлектроника" предвидит постепенные изменения в официальных тенденциях и методах работы а также потребует меньших первоначальных затрат по сравнению с планом ХАЛ.

По возвращении в Москву, делегация Министерства гражданской авиации сделала подробный отчёт перед исполнительным комитетом министерства и сотрудниками Госкомитета по науке и технике, уполномоченными заниматься этим проектом. Хотя все признали, что пред-

4/7

ложение Авиаэлектроники(АЭИ) эффективно удовлетворяет их требования, было единогласно решено пригласить как ХАЛ, так и АЭИ для предоставления ими конкурсных заявок на продажу системы. В случае АЭИ, заявка фирмы должна основываться на модернизации системы УВД в Москве, Киеве, Ленинграде и в Минеральных Водах. В этот план должны быть включены все средства управления диспетчерской службы аэропорта, помещённый в пригороде Москвы центр управления всем аэродвижением и тренировочные помещения. Заявка ХАЛ должна основываться на реконструкции всей системы.

Затем МВТ получило указание вести переговоры по обоем контрактам от имени Министерства гражданской авиации. В/О Авиаэкспорт должно было установить контакт с обеими фирмами и пригласить их приехать в Москву для представления заявок. Переговоры будут проводиться одновременно, но только один контракт будет представлен для одобрения Министерству гражданской авиации.

В качестве сотрудников В/О Авиаэкспорт, вы должны будете добиться от АЭИ наиболее исчерпывающей заявки за наиболее приемлемую цену. Контракт должен основываться на перечисленных выше составных частях и вся система должна быть установлена и пущена в эксплуатацию не позднее, чем через 30 месяцев после подписания контракта. Следующий список первоочередных задач обратит ваше внимание на пункты, которые министерство-заказчик считает наиболее важными и которыми вам следует руководствоваться в ваших переговорах. Очерёдность пунктов отвечает их значимости:

Гарантии. Прежде всего советский народ должен получать заверения в том, что оборудование и системы управления, поставленные фирмой соответствуют советским нуждам, что оборудование функционирует в соответствии с проектными характеристиками и что установлено и готово к эксплуатации в сроки, предусмотренные контрактом. Все пункты предусматривающие необходимые гарантии и штрафную неустойку должны быть включены в контракт, чтобы обеспечить всё выше сказанное.

Экспортные лицензии. Если только возможно, от американской фирмы нужно потребовать заверений о предоствлении экспортных лицензий на всё оборудование и технологию. Из-за того, что в ВМ, радиолокаторах и тренировочных оборудованиях будет использована передовая технология, можно ожидать, что некоторые правительственные круги в США будут сопротивляться продаже этого оборудования Советскому Союзу. Поэтому, представители АЭИ должны быть готовы: 1. заверить

в получении экспортных лицензий; 2. принять штрафную неустойку, если процесс получения экспортной лицензии затянется; 3. поставить другие компоненты
системы, если первоначально-заказанные нельзя экспортировать. Две первые альтернативы гораздо более
предпочтительны и нужно сделать всё возможное, чтобы добиться их.

Цена, условия платежа и форма платежа. Хотя
сотрудники В/О Авиаэкспорт должны полагаться на собственное мнение по этим вопросам, в переговорах следует добиваться финансовых условий, благоприятных
для СССР. Всё равно, с помощью ли выгодных условий
кредита или компенсации, но в любом случае нужно избежать непосредственного расхода больших сумм свободно-конвертируемой валюты. Нужно поощрять АЭИ к
предоставлению существенной скидки от закупочной цены.

Обучение советского персонала. Желательно, чтобы старший персонал советской службы УВД и специалисты по электронике были подготовлены в США до установки оборудования. Это облегчит инструктаж операторов системы, при введении новых методов работы.
Контракт должен обеспечить содержание, гостиницу и
обучение, по крайней мере, 25 человек. Эти лица могут также инспектировать оборудование до отгрузки
его.

Запасные части. Необходимо включить пункты, в
которых оговаривается поставка продавцом запасных
частей для оборудования во время гарантийного срока.
Нужно также договориться о долгосрочной поставке частей и заручиться услугами программистов для внесения
модификаций в программы системы. Должны быть также
оговорены пункты об обслуживании, в которых речь и-
дёт об ответственностях за обслуживание со стороны
продавца и со стороны покупателя после истечения гарантийного срока.

В заключение, продавцу следует указать, что Министерство гражданской авиации предоставит специалиста по УВД для сотрудничества с конструкторами фирмы
АЭИ. Заказчик предоставит все технические чертежи,
данные, обзоры и спецификации, которые потребуются
продавцу, а также обеспечит все строительные услуги,
необходимые в ходе реконструкции. Наконец, существенные улучшения системы УВД не будут включать наземные локаторы, визуальные индикаторы посадочной
глиссады, огни лётной полосы и рулёжной полосы и дополнительные системы посадки ССП. Контракт охватывает только радиолокаторы для управления заходом на
посадку и для аэропортного управления воздушным дви-

жением, навигационное оборудование, вращающиеся радиомаяки, трассовые радиолокаторы и помещения для обучения персонала.

Понимая необходимость улучшения службы УВД в советском воздушном пространстве, Госплан ассигновал в бюджете текущей Пятилетки значительную сумму для усовершенствования системы УВД. В надежде отремонтировать или заменить устаревшее оборудование, ввести более эффективные и надёжные методы УВД, научить персонал УВД пользоваться новыми методами и оборудованием, Министерство гражданской авиации совместно с рабочей группой, выделенной Госкомитетом по науке и технике, изучило проблемы существующей системы УВД и решила воспользоваться техническими достижениями западных стран, чтобы улучшить свою систему.

Руководствуясь этой задачей, делегация сотрудников Министерства гражданской авиации и Госкомитета по науке и технике посетила Международную авиационную выставку в Париже, чтобы встретиться с западными промышленниками и получить техническую информацию и подробности о методиках УВД в капиталистических странах, а также выслушать их рекомендации относительно модернизации советской системы. Во время восьмидневного пребывания в Париже, делегация осмотрела несколько радиолокационных выставочных экспонатов УВД и собрала обширный материал о существующем в настоящее время самом передовом оборудовании УВД. Наибольшее впечатление на делегацию произвели экспонаты, продемонстрированные тремя фирмами. Советская делегация обратилась к представителям этих трёх фирм с просьбой представить предложение относительно модернизации советской системы и получила от них подробные заявки на реконструкцию системы.

Возвратившись в Москву, делегация сделала отчёт о собранных ею сведениях перед исполнительным комитетом Министерства гражданской авиации и остальных членов выделенной группы. Наибольшее впечатление на делегацию произвели два из трёх предложений: одно, сделанное фирмой ХАЛ(Рим, Нью-Йорк)и второе, представленное фирмой "Авиаэлектроника,Инк."(АЭИ), находящейся в Пало Альто(Калифорния). В проекте ХАЛ предлагалось перестроить всю советскую систему УВД и заменить всё оборудование и методы работы. В предложении АЭИ, однако, рекомендовалось внести инкрементные изменения в систему, заменяя только то оборудование, которое нельзя как следует отремонтировать, и модернизируя только те части системы, которые управляют значительной долей воздушного движения. Хотя обе системы обеспечивали пилотам одинаковые условия службы, предложение ХАЛ включало также ряд важных усовершенствований в аэропортах, такие как наземные радиолокаторы и расширение визуальных средств контроля захода на посадку, что делегация считала необязательным. Предложение АЭИ, с другой стороны, обеспечивало программу и средства обучения для диспетчеров службы УВД. Обе системы основывались на самом передовом радарном и компьютерном оборудовании, но система ХАЛ базировалась на большой, высокоскоростной вычислительной машине (ВМ), на вывоз которой американское правительство прежде не давало экспортной лицензии. По единодушному мнению членов исполнительного комитета Министерства гражданской авиации, которое также разделили представители Госкомитета по науке и технике, предложение АЭИ наиболее эффективно удовлетворяло советские требования. Однако, МВТ предложили вести переговоры о контракте с обеими фирмами.

МВТ возложило ответственность за проведение переговоров с обеими фирмами на В/О Авиаэкспорт, хотя только один контракт должен быть представлен для одобрения министерству-заказчику. В качестве представителей Госкомитета по науке и технике на переговорах между В/О Авиаэкспорт и АЭИ, вы должны будете помогать представителям В/О Авиаэкспорт всеми возможными способами. Хотя вам не разрешено будет принимать непосредственного участия в переговорах, вам нужно будет периодически консультировать представителей с целью ознакомления их с точкой зрения и интересами Госкомитета по науке и технике. Кроме того, вам нужно будет следить за ходом переговоров для того, чтобы вы могли определить, собирается ли американская фирма поставить министерству-заказчику новейшее высококачественное оборудование.

Во время вступительных технических дискуссий в Париже фирма АЭИ сообщила о своём намерении снабдить советские аэропорты очень сложной радарной системой, основанной на вычислительной технике. Эта установка, известная под названием Модель 3290 Объединённый режим радарного управления заходом на посадку (ОРРУЗП), была спроектирована и разработана по контракту, заключённому с Федеральной администрацией авиации (ФАА) и является основой американской системы УВД. Весьма желательно, чтобы советская система УВД базировалась на той же установке по следующим причинам:

1. Это наиболее передовое оборудование УВД, имеющееся сейчас на мировом рынке.

2. Хотя сейчас широко используется только в США, многие капиталистические государства, включая страны НАТО, вероятно позаимствуют

эту систему в ближайшем будущем.

3. Широкое распространение технического мастерства, которое советские техники приобретут, когда будут работать на этой установке, позволит повысить качество всей советской электронной промышленности.

4. Сложные компьютерные программы и техники интерфейса, используемые в установке ОРРУЗП могут быть изучены и применены в советской компьютерной промышленности.

5. Из-за огромных расходов, связанных с собственной разработкой и построением такой сложной системы, советские ресурсы могут быть применены в других отраслях, которые могут оказаться более продуктивными.

6. Закупка оборудования у американской фирмы-подрядчика укрепит экономические связи между США и СССР и будет ценным вкладом для поддержания духа мирного сотрудничества между странами.

Дополнительные соображения повлияли на решение купить именно это оборудование. Поскольку АЭИ является одним из основных поставщиков в области обороны США, вполне вероятно, что это оборудование используется вооружёнными силами США и за рубежом. Поскольку прокладывающие функции радиолокаторов и вычислительных машин ОРРУЗП могут быть модифицированы для выполнения противосамолётной или противоракетной роли, изучение этой установки советскими военными специалистами должно дать им значительную информацию об оборонных возможностях США. Эта информация может, в свою очередь, быть использована в советской системе противовоздушной обороны для качественного улучшения аналогичного оборудования. Так как преимущества, вытекающие из такого изучения потенциально велики, надо сделать всё, чтобы обеспечить поставку этого оборудования. Следует отговорить продавца от замены компонентов системы и представители В/О Авиаэкспорт должны быть информированы о значении, которое придаётся некоторыми кругами советского правительства заключению этой сделки. Если только возможно, представители объединения должны придавать меньшее значение переговорам о цене, но им следует настаивать на гарантиях, связанных с получением экспортных лицензий и качеством работы оборудования. Представителей, однако, не следует ни при каких обстоятельствах информировать о военном значении этой сделки. Такое нарушение секретности может поставить под угрозу исход переговоров.

ВТОРОЙ СЦЕНАРИЙ - ФИРМА "АВИАЭЛЕКТРОНИКА,ИНК."

Авиаэлектроника,Инк.(АЭИ), из Пало Альто(Калифорния), - широкоизвестная фирма, специализирующаяся в проектировании и производстве электронного оборудования для нужд авиации. Фирма была основана после Второй мировой войны двумя отставными пилотами военновоздушных сил. Поскольку авиационная промышленность США процветала, фирма непрерывно развивалась. Вначале она занималась только производством оборудования для радионавигации и радиосвязи и приобрела хорошую репутацию среди своих покупателей - владельцев частных самолётов и коммерческих авиакомпаний, благодаря производству недорогостоящего, но надёжного радиооборудования. Масштаб деятельности АЭИ расширился поскольку она была первой фирмой, создавшей в начале 60-х годов бортовые метеорадиолокаторы, импульсные приёмопередатчики и приёмники системы слепой посадки(ССП). В 1965 году она захватила 27% американского рынка авиаэлектроники и стала третьим по величине производителем в этой области промышленности.

В конце 1968 года фирма АЭИ получила от правительства США подряд на проектирование и строительство всей системы УВД для двух авиабаз военновоздушных сил, строившихся тогда в Западной Европе. Эта сделка была первым большим контрактом для оборонной промышленности и её стоимость достигла суммы в 19,7 млн. долларов. Это было самое крупное отдельное предприятие фирмы. Контракт военновоздушных сил явился для фирмы также первой пробой входа на рынок УВД,область, в которой она не имела ещё никакого опыта, но в которой использовалась та же техника, что и в других сделках фирмы. За этим контрактом последовал ряд закупок компонентов УВД Федеральной администрации авиации США(ФАА), Федеральной Республикой Германии и Мексико. К концу финансового 1969 года АЭИ продала на 27 млн. долларов дополнительных компонентов УВД, таких как аэродромные радиолокаторы, оборудование связи командно-диспетчерских пунктов, системы слепой посадки. Эти компоненты были предназначены для действующих систем УВД.

Отдавая себе отчёт в огромных возможностях, предоставляемых проектированием и поставкой отдельных компонентов УВД, а также строительством целых систем, правление директоров фирмы создало отдельную организацию в фирме АЭИ для применения самых передовых технических достижений при решении проблем УВД. Обширная программа исследований и разработки могла быть реализована благодаря постоянному росту продажи систем УВД, и очень скоро АЭИ была признана одной из самых передовых в области применения авиаэлектроники для УВД.

В 1973 году фирма получила подряд на сумму в 11.5 млн. долларов для создания аэропортного радиолокатора с вычислительной машиной (ВМ), который будет прокладывать курс прилетающим и отлетающим самолётам в районе аэропортного воздушного пространства, в сочетании со всей имеющейся информацией о полётах. Система интегрировала информацию о маршрутах, зарегистрированную на станциях авиадиспетчерской службы ФАА, данные от бортового импульсного приёмопередатчика и информацию о высоте, скорости, направлении и типе самолёта. Радиолокаторные развёртки могут быть выбраны в радиусе пяти, пятнадцати и пятидесяти морских миль, а характер местности, расположение взлётно-посадочной полосы (ВПП), высоты препятствий и предназначенные траектории полёта могут быть запрограммированы с тем, чтобы показывались на экране радиолокаторного индикатора. Дополнительные программы могут быть запроектированы для того, чтобы предупреждать в случае угрозы столкновения в воздухе или столкновения с препятствием, полёта ниже минимальной безопасной высоты или отклонения от предназначеного маршрута. Модель 3290 Объединённый режим радиолокаторного управления заходом на посадку (ОРРУЗП), была признана всеми самой совершенной системой УВД, имеющейся сейчас в мире. Она была установлена в большинстве новых аэропортов интенсивного движения в США и в Западной Европе. В прошлом году маленькие ВМ, которые очень похожи на ВМ в Модель 3290 были экспортированы в Польшу и Румынию.

Одним из элементов торговой стратегии фирмы АЭИ является посещение представителями АЭИ большинства крупнейших авиационных демонстраций и выставок во всём мире. Вероятно, самая важная из них, Международная авиационная выставка в Париже, стала местом где состоялись вступительные переговоры относительно контракта, который, возможно, станет самой крупной сделкой, заключённой АЭИ. К представителям АЭИ обратилась делегация ответственных сотрудников Министерства гражданской авиации СССР и попросила их сделать предложение относительно оборудования и методик УВД в США и продемонстрировать как оборудование АЭИ приспособлено к этой системе. Хотя советские представители были весьма уклончивы, когда речь шла о цели их обращения к фирме, их вопросы всё же показывали, что они задумывались над покупкой оборудования УВД. Имея это в виду, представители фирмы продемонстрировали работу Модели 3290 ОРРУЗП и объяснили, как может быть построена на базе этого оборудования объединённая система аэропортного УВД, маршрутных навигационных средств и радиолокационной службы. Представление закончилось демонстрацией стандартных методов управления моделированным воздушным движением в аэропорте с интенсивным движением.

На советскую делегацию это произвело хорошее впечатление и они сказали, что вернутся через два дня для более детального представления. Они хотели бы, если возможно, увидеть систему, предназначенную для удовлетворения советских нужд, хотя может быть и трудно так быстро подготовиться, они хотели бы получить кое-какое представление о величине и стоимости реконструкции, которые АЭИ считает необходимыми. Поблагодарив старшего представителя фирмы, советская делегация уехала с полным набором брошюр и перечнем данных.

Перед персоналом АЭИ была трудная проблема. Они столкнулись лицом к лицу с перспективой многомиллионного контракта, но тем не менее они не имели абсолютно никакого представления о том, каково сейчас состояние советской системы УВД и не имели понятия о конкретных нуждах. Сотрудниками торгового отдела было предпринято срочное короткое исследование, и на следующее утро, был готов короткий, но проницательный доклад о проблемах советского УВД. В течение последних двух лет в Советском Союзе было, по крайне мере, девять воздушных катастроф самолётов гражданской авиации, в результате которых погибли люди. Из-за этого и, частично, из-за запутанных и противоречивых методик УВД, устаревшего оборудования аэропортного УВД, отсутствия трассовой радиолокаторной службы и недостатка навигационных средств, Советский Союз приобрёл среди пилотов международных авиакомпаний репутацию опасного воздушного пространства. Всего лишь четыре месяца тому назад Ассоциация пилотов международных авиакомпаний официально потребовали от советского правительства исправить методику УВД и заменить износившееся и устаревшее оборудование. Кроме того, представители крупных международных авиакомпаний, обслуживающих Советский Союз, выразили свою озабоченность перегруженностью советской системы УВД, её методиками, персоналом и оборудованием.

Советская промышленность гражданской авиации гораздо менее сложна и разнообразна, чем авиационная промышленность большинства западных индустриальных стран. Из-за того, что в Советском Союзе имеется сравнительно небольшое количество самолётов, принадлежащих частным лицам, подавляющая часть воздушного движения припадает на запланированные полёты коммерческих авиакомпаний. К тому же, создание и эксплуа-

тация эффективной и безопасной системы УВД минимально сложны, поскольку государственной авиалинией является единственная советская авиакомпания Аэрофлот.
И именно этим руководствовалось Министерство гражданской авиации в своём небрежном подходе к управлению
советским воздушным пространством. Этой роскоши оно
не может себе больше позволить. Хотя исследователи
не знали, какое оборудование и методы, используются
в СССР, они были в состоянии построить гипотезу о
наличии ряда конкретных нужд, основываясь на проблемах, о которых шла речь в докладе и на вопросах делегации. На основе этих предположений, торговая группа подготовила предложение о перестройке советской
системы УВД. Во-первых, поскольку замена всей системы была бы связана с большими расходами и нарушением обслуживания, АЭИ предложила, чтобы некоторые
части системы например, некоторые аэропорты и ведущие к ним воздушные трассы были заменены отдельно.
Это предложение отразило в какой-то степени неосве-
домлённость делегации относительно размера и масшта-
ба советской системы. Во-вторых, представители предложили обширную учебную программу для советских диспетчеров, на поставленной учебной установке. Цели
учебной программы следующие: 1. практика в использовании и обслуживании нового оборудования; 2. обучение новым методикам УВД; 3. повышение общей эффективности работы диспетчеров. Учебный центр будет
располагать тренировочным оборудованием УВД, состоящим из Модели 3290 ОРРУЗП, запрограммированной для
учебных целей, образцами основных узлов оборудования,
используемого в системе УВД, электронной лаборатории
для обучения специалистов, аудитории и классные комнаты для учебных демонстраций. Наконец, в предложении рекомендовалось заменить или отремонтировать все
трассовые радионавигационные средства, ввести в эксплуатацию системы ОРРУЗП во всех главных аэропортах,
заменить аэропортную радиосвязь, построить центр радарного управления для обеспечения радарной службы
на трассах между аэропортами, и отремонтировать или
заменить все вращающиеся радиомаяки аэропорта. Регистрация данных маршрута и координация радиолокаторной службы будут осуществляться несколькими малень-
кими компьютерами, размещёнными в разных помещениях
УВД. Дополнительный ремонт или замена оборудования
ССП, наземные радиолокаторы для управления движением
на рулёжной дорожке в периоды ограниченой видимости
и визуальные средства контроля захода на посадку,та-
кие как: визуальные индикаторы посадочной глиссады,
огни осевой линии ВПП, огни боковой кромки ВПП и огни рулёжной полосы могут быть куплены по отдельным
контрактам. Наконец, АЭИ обеспечит всё необходимое

оборудование, обучение ведущего советского персонала и программы вычислительных машин.

Сотрудники фирмы быстро набросали схему системы в виде блока-диаграммы и представили советской делегации на следующий день. Советские представители проявили к ней большой интерес; американских представителей засыпали вопросами относительно видов управления, которые будут использованы в системе, размера и марки компонентов ВМ и стоимости дополнительных программ для установок ОРРУЗП. После двухчасовой беседы, глава советской делегации ещё раз поблагодарил американцев за информацию и делегация покинула выставочный зал. Это была последняя встреча представителей АЭИ с советскими представителями на Парижской авиационной выставке. Следующая встреча состоялась через два месяца после выставки.

После получения телеграммы по телексу из Москвы от В/О Авиаэкспорт, торговая группа АЭИ поспешно подготовила заявку на контракт и ознакомила своих представителей с её содержанием. В своей телеграмме Авиаэкспорт просил фирму АЭИ подготовить заявку на модернизацию средств УВД в четырёх самых перегруженных аэропортах в СССР: Москве, Ленинграде, Киеве и Минеральных Водах - известной курортной зоне. Заявка должна базироваться на проекте, предложенном представителями в Париже и в неё нужно включить учебную установку, основные усовершенствования аэропортов и монтаж оборудования. Хотя дополнительные усовершенствования такие как ССП, визуальные средства захода на посадку и наземные радиолокаторы могут быть и желательны в некоторых аэропортах в будущем, заявка на контракт не должна предусматривать этих компонентов. Десятки тысяч долларов, истраченных фирмой АЭИ на контакты с советской делегацией, пожалуй будут оправданы.

С помощью промышленных каналов стало известно, что советская делегация обратилась на Парижской авиационной выставке и к конкурирующей фирме, выпускающей авиаэлектронное оборудование ХАЛ, с просьбой принять участие в переговорах. Хотя предложение ХАЛ было основано на реконструкции всей системы УВД и применении в ней чрезвычайно чувствительных деталей ВМ, два фактора, которые давали преимущество фирме АЭИ по мнению её сотрудников, назревала опасность прямой конкуренции о получение одного и того же контракта. Поэтому, руководящая группа АЭИ проявила большую осторожность при составлении предложения и назначении цены.

В следующей таблице указаны предполагаемые фирмой

АЭИ расходы на проектирование, отгрузку, установку и обслуживание оборудования:

Модель 3290 ОРРУЗП
      Только металлические части.
      4 штуки, $2.783.900 каждая $11.135.600

Приёмопередатчики аэропортного
      управления. Только метал-
      лические части.
      4 штуки, $114.250 каждый   457.000

Центр радиолокаторной службы на
      трассе. Полностью оснащён-
      ный радиолокаторным обору-
      дованием связи.
      1 штука   3.890.500

Ремонт или замена вращающихся
      свето-маяков аэропортов.
      (примерная стоимость)
      4 штуки, $110.000 каждый   440.000

Ремонт, замена или строительство
      дополнительных высокочастот-
      ных радиомаяков УВД, служа-
      щих в качестве трассовых на-
      вигационных средств(пример-
      ная стоимость).
      26 штук, $187.115 каждый   4.864.990

Учебная установка, включающая по
      одному типичному образцу ос-
      новных видов электронного об-
      орудования, применяемого в
      систему УВД, два тренировоч-
      ных оборудования УВД и пол-
      ностью оборудованная электрон-
      ная лаборатория для проведе-
      ния испытаний.
      1 штука   6.203.100

Сделанные по заказу компьютерные
      программы для каждой из че-
      тырёх установок ОРРУЗП, вмон-
      тированной в учебном центре.
      5 штук, $47.800 каждая   239.000

Монтаж вышеуказанного оборудова-
      ния.   1.950.000

Обучение советского персонала, включая гостиницу, содержание и расходы на транспорт(только в США).	$	90.000
Обслуживание оборудования согласно восемнадцатимесячной гарантии.		Бесплатно
Предлагаемая прибыль, 26% на капиталовложение		7.610.249
Общая стоимость заявки		$36.880.439

В зависимости от того, как скоро инженеры Министерства гражданской авиации предоставят необходимые обзоры, спецификации, требования и данные, а также в зависимости от местных метеорологических условий в период монтажа, система будет введена в эксплуатацию через 30-36 месяцев после подписания контракта.

Неясна лишь одна, но существенная деталь: откажет ли американское правительство в просьбе относительно выдачи экспортных лицензий на вывоз установок ОРРУЗП. Поскольку Модель 3290 базируется на чрезвычайно сложных радарных и компьютерных схемах, которые могут быть применены в целях противовоздушной и противоракетной обороны, можно предположить, что военные специалисты и представители государственной безопасности в правительстве будут сопротивляться предоставлению экспортных лицензий. Хотя у фирмы АЭИ, вероятно, больше шансов на получение лицензии от правительства США, чем у фирмы ХАЛ, система которой основана на скоростном компьютере, возможность отказа существует и русских следует об этом уведомить. Авиаэлектроника никоим образом не может быть ответственной за действия правительства США в отношении предоставления экспортных лицензий.

Примерно два месяца тому назад, во время Международной авиационной выставки в Париже, к двум фирмам, производящим радиоэлектронное оборудование и оборудование УВД, обратилась делегация советских представителей. Члены советской делегации сказали, что они заинтересованы в получении информации о самом передовом оборудовании и методиках УВД и попросили каждую фирму подготовить предварительное предложение относительно того, какие шаги нужно предпринять для улучшения советской системы УВД. Базируясь на своём собственном оборудовании и на своём восприятии советских нужд, обе фирмы спроектировали две различные системы, причём в каждой из них использовалось сложное радарное и компьютерное оборудование, но они по-разному подошли к проблеме перестройки советской системы УВД. Торговые представители фирмы изложили свои планы советской делегации, состоящей из сотрудников Министерства гражданской авиации и Госкомитета по науке и технике, задемонстрировали различное оборудование, представили технические спецификации и руководства по эксплуатации и ответили на многочисленные вопросы относительно методики УВД на Западе. После нескольких дней обсуждения, советские представители возвратились в Москву.

В течение последних десяти дней обе фирмы – "Авиаэлектроника, Инк."(АЭИ) из Пало Альто(Калифорния) и фирма ХАЛ(Рим, Нью-Йорк) – получили приглашения от В/О Авиаэкспорт из Москвы представить заявки на модернизацию советской системы УВД. После получения инструкции по подготовке заявок на базе систем, предложенных на Парижской выставке, представители фирмы должны будут отправиться как можно скорее в Москву, чтобы приступить к независимым друг от друга переговорам о контракте с представителями В/О Авиаэкспорт. Хотя эти предложения нельзя сравнивать ни по размеру, ни по масштабу, ни по цене, русские явно намерены вести переговоры одновременно с обеими фирмами и могут попытаться натравить их друг на друга, чтобы добиться уступок. Если только возможно, следует избежать такой ситуации.

По мнению ряда аналитиков из Бюро восточно-западной торговли(БВЗТ), советские представители вероятнее всего предпочтут предложение АЭИ более дорогостоящему предложению ХАЛ. Хотя обе системы базируются на сложном компьютерном оборудовании, русские могут решить, что больше шансов получить разрешение правительства США на вывоз системы АЭИ, нежели на вывоз системы ХАЛ. В прошлом дважды было отказано в экспортных лицензиях на вычислительную машину(ВМ)ХАЛ Серии 9000, которая является основой этой системы, и на этот раз, получение лицензии кажется маловероятным. Система АЭИ, с другой стороны, использует несколько небольших ВМ для обеспечения тех же услуг, которые исполняет ХАЛ 9000. Аналогичные модели были экспортированы в Польшу и Румынию в прошлом году, поэтому возможно, что АЭИ получит экспортную лицензию для отправки этих же ВМ в Советский Союз.

Поскольку радарная установка, на которой базируется система УВД фирмы АЭИ, считается самой совершенной в техническом отношении на мировом рынке, советские представители, очевидно, предпочтут приложить старания и заключить контракт с фирмой АЭИ, нежели принять предложение фирмы ХАЛ. В Модели 3290 Объединённый режим радарного управления заходом на посадку(ОРРУЗП), которую фирма АЭИ собирается установить в четырёх советских аэропортах(в Киеве, Москве, Ленинграде, Минеральных Водах), отражены самые передовые УВД. Этот фактор, несомненно, важен для Министерства гражданской авиации, в ведении которого будет находиться система. Система ОРРУЗП в настоящее время используется в большинстве крупных аэропортов США и во многих аэропортах Западной Европы. Методы УВД, используемые в сочетании с установкой ОРРУЗП, будут соответствовать аналогичным системам в других странах. Поэтому советская система УВД, методы её эксплуатации и оборудование будут больше соответствовать зарубежным системам. В прошлом этот недостаток - несоответствие советской системы другим системам - вызывал международные нарекания и протесты.

Одно из основных расхождений между предложением фирмы АЭИ и предложением фирмы ХАЛ заключается в подходе этих фирм к разрешению советской проблемы УВД. Проект фирмы ХАЛ был основан на том предположении,что когда будет заменено электронное оборудование УВД, то все недостатки, присущие этой системе, будут устранены. По мнению авторов предложения фирмы АЭИ требовалось сделать гораздо больше, чтобы разрешить проблему советской системы УВД. Фирма предлагала не только заменить оборудование, но и создать учебный центр, в котором диспетчеры могли бы приобретать опыт работы с новыми видами оборудования, совершенствовать своё мастерство, тренируясь на моделирующих устройствах УВД и посещать лекции и занятия. Методы УВД в Советском Союзе будут изучены и, если необходимо, модифицированы, и специалисты фирмы в области УВД обучат советских специалистов и операторов эксплуатации и обслуживанию всего оборудования, доставленного или отремонтированого фирмой АЭИ. Короче говоря, в предложении рекомендовался всесторонний подход к устранению недостатков советской системы УВД, который, вероятно, найдёт положительный отклик у потенциального покупателя.

Возможно, что предложение одной фирмы отличается от проекта другой, главным образом, масштабом предлагаемых крупных усовершенствований системы, то есть, речь идёт не о качественном различии, а о количественном. Фирма ХАЛ собирается сделать заявку на контракт по модернизации всей советской системы УВД, и Советскому Союзу пришлось бы истратить на это мероприятие свыше четверти миллиарда долларов. Фирма АЭИ, наоборот, предложила инкрементный подход, рекомендуя модернизировать лишь ту часть системы, которая управляет значительной долей воздушного движения. Дополнительные усовершенствования в районах, где интенсивность воздушного движения значительно меньше, могут быть сделаны позднее, по мере возникновения необходимости. Ясно, что советскому правительству предстоит выложить значительно меньшую сумму при реализации начальной стадии проекта, что является немаловажным фактором, говорящим в пользу предложения АЭИ.

С точки зрения БВЗТ, весьма желательно, чтобы СССР заключил контракт с американской фирмой. Хотя БВЗТ неудобно оказывать предпочтение одной из фирм, будет вполне уместным предложить обеим фирмам, предоставить им своих консультантов, с тем, чтобы помочь им начать переговоры с потенциальным советским покупателем. В качестве консультанта БВЗТ при торговой делегации АЭИ, вы будете обязаны всячески помогать им там где это потребуется. Вы должны уведомить их о точке зрения правления БВЗТ на сделку и сообщить им о своих наблюдениях и соображениях относительно советских интересов и намерений.

Во первых, следует отметить, что по мнению БВЗТ, США заинтересованы в продаже системы УВД русским. В соответствии с Хельсинским соглашением с 1975 года об обмене технической и научной информацией между странами, продажа этого оборудования несомненно будет способствовать улучшению взаимопонимания между народами. Участие США в модернизации советской системы УВД может послужить великолепным примером гуманного мероприятия, благородной целью которого является повышение уровня безопасности воздушного транспорта и общего уровня советской жизни. Это жест доброй воли между этими двумя странами, конкретный вклад в дело мирного сосуществования и сотрудничества, характерного для их отношений в последние годы. В итоге, сделка эта - положительное мероприятие, способствующее улучшению отношений между СССР и США, что соответствует целям внешней политики в настоящее время и подчёркивает нашу преданность делу разрядки международной напряжённости.

В свете экономических перспектив, продажа этого оборудования окажется выгодной для всех заинтересованных сторон. Экспорт продукции на сумму в 50 млн. долларов несомненно явится положительным фактором для экономики США и окажет положительное влияние на торговый баланс ближайших нескольких лет, а также даст возможность обеспечить работой людей, живущих в западной части США. Фирма АЭИ, очевидно, получит значительный доход от продажи и создаст для себя выгодный и потенциально расширяющийся рынок в СССР. И, наконец, советское оборудование для научных исследований, которое было предназначено для разработки такой системы, может быть использовано в других областях. Таким образом, сделка будет взаимовыгодной как для США, так и для СССР.

В заключении следует, однако, отметить, что не все круги правительства США разделяют точку зрения БВЗТ относительно того, что сделка чрезвычайно выгодна для американских интересов. Сотрудники учреждений, занимающих вопросами национальной безопасности в Вашингтоне, в частности, начальники штаба специальный советник президента по вопросам национальной безопасности выразили резко отрицательное мнение по отношению к предстоящей сделке. Аргументируя свои доводы стратегическими соображениями, они сказали, что внедрение такой сложной радарной и вычислительной техники в советскую электронную промышленность повлечёт за собой качественное улучшение оборонной способности. Поскольку техника, на которой базируется Модель 3290 ОРРУЗП может быть модифицирована таким образом, чтобы система могла выполнять противовоздушные и противоракетные функции, они считают, что следует отказать в предоставлении экспортной лицензии. Дополнительно была выражена озабоченность по поводу сохранения секретности оборонной радарной сети США после продажи этого оборудования Советскому Союзу. Противники этих аргументов, однако, подчёркивают, что технология, используемая в установке ОРРУЗП уже применяется в советской военной технике, но было запрещено использовать его в гражданской авиации. Кроме того, если даже США откажутся экспортировать это оборудование, русские смогут получить его через третью сторону и, таким образом, обойти запрет.

Очевидно, нет уверенности в получении экспортной лицензии на вывоз оборудования ОРРУЗП; вероятность получения составляет, примерно, 50%. Хотя БВЗТ занимает позицию, поощряющую предоставление лицензии, Мини-

стерство обороны проводит кампанию против этого решения, что повлечёт за собой длительные размышления
и дискуссии между президентом и его советниками по
национальной безопасности до принятия этого серьёз-
ного решения. Следует разъяснить правлению АЭИ, почему предстоит такая волокита с получением лицензии.

Представители фирмы "Авиаэлектроника, Инк." (АЭИ), из Пало Альто (Калифорния) собираются полететь в Москву, чтобы приступить к переговорам с советскими представителями о заключении контракта на продажу оборудования УВД для советских аэропортов. В начале этого года с этой фирмой был установлен контакт на Международной авиационной выставке в Париже, и специалисты фирмы составили интегральный план модернизации существующих средств УВД в четырёх крупных аэропортах Советского Союза: в Киеве, Москве, Ленинграде, и Минеральных Водах. Предстоящие переговоры должны базироваться на техническом предложении, сделанном в Париже.

Фирма АЭИ является производителем чрезвычайно сложной системы радиолокационного сопровождения, в которой применяется компьютер для изображения соответствующих данных о полётах на экране индикатора диспетчера. В этой установке, известной под названием АЭИ Модель 3290 Объединённый режим радарного управления заходом на посадку (ОРРУЗП), применяется самая совершенная радарная и вычислительная техника, которая также используется в ряде оборонных систем США. Данный проект установки очень похож на некоторые радиолокаторные системы противовоздушной обороны США и НАТО, используемые сейчас в США и Западной Европе. По этой и другим причинам Министерство обороны и другие учреждения, ведающие вопросами национальной безопасности оказывают резкое сопротивление продаже техники ОРРУЗП русским.

В качестве консультанта Министерства обороны на переговорах фирмы АЭИ, вы будете обязаны сообщить представителям фирмы о том, какое значение для национальной безопасности может иметь заключение сделки. Вы должны объяснить им, что Министерство обороны и связанные с ним учреждения, сделают всё возможное в их власти, чтобы помешать предоставлению экспортной лицензии на Модель 3290 и сообщат президенту свою точку зрения по этому важному вопросу.

И вы, и представители АЭИ должны помнить, что ваши возражения против размера этого оборудования должны быть построены на основе следующих данных. Во-первых, поскольку оборудование используемое в установке, очень похоже на то, которое используется в военных сооружениях США, русские значительно расширят свою осведомлённость относительно американских оборонных возможностей. Это сократит способность США и НАТО противостоять внезапной советской атаке. Во-вторых, поскольку в установку внедрена сложная радарная и вычислительная техника, которую советские исследователи ещё не в состоянии разработать, продажа этой техники усилит советские военные возможности и уменьшит американское техническое преимущество на несколько лет. Нет никакого сомнения, что в этом случае Министерство гражданской авиации распространит это оборудование и на военную промышленность СССР. В результате этого возрастёт обороноспособность СССР, и это усложнит проникновение в советское воздушное пространство средствам нападения США в случае военных действий. Наконец, продажа такой передовой техники даст возможность советскому правительству передать скудные средства, предназначенные для разработки техники УВД, на разработку военного оборудования, которое может быть использовано против США и её союзников в случае столкновения. Если Советскому Союзу будет отказано в продаже этого оборудования, им придётся затратить своё собственное время и деньги на разработку подобной системы, что уменьшит потенциальный рост их военной мощности и соответственно увеличит стратегическую силу США.

Все эти доводы базировались на соображениях национальной безопасности, о которой не следует забывать в такой ситуации. Имеется также ряд других дополнительных экономических и политических факторов, которые говорят о неуместности этой сделки. Однако, нужно подчеркнуть, что передача такого сложного оборудования народу, целью которого является уничтожение капиталистической системы, не может быть в интересах США.

авиаба́за	air base
авиали́ния	airline
авиацио́нная промы́шлен-ность	aviation industry
авиа́ция	aviation
альтернати́вный	alternative
ассигнова́ть в бюдже́те	to budget
аэродро́м	runways (as well as aircraft directional facilities)
аэродро́мная диспе́тчерская слу́жба	terminal control capability
аэродро́мные радиолока́торы захо́да	terminal approach radar
безопа́сность	safety
безопа́сный	safety
блок-диагра́мма	block diagram
бортовы́е метеорадиолока́-торы	airborne weather radar systems
бу́дущий	future
взлётно-поса́дочная полоса́(ВПП)	runway
визуа́льный	visual
визуа́льный индика́тор поса́дочной глисса́ды	visual approach slope indicator
визуа́льные сре́дства за-хо́да	visual approach aids
вклад	contribution
влечь	to draw, attract
внесе́ние модифика́ций	modifying
вну́тренние тра́ссы	cross-country routes
военновозду́шные си́лы	air force
возду́шное простра́нство	air space
возду́шный	air
возду́шные пути́ сообще́ния	aviation routes
вооружённый	armed
в по́льзу	in favor of
враща́ющийся	rotating

всего́ лишь	as recently as (in context)
в слу́чае необходи́мости	if necessary
вспомога́тельные сре́дства	support facilities
вход на ры́нок	entry into a market
вы́звать	to cause
вы́ложить	to spend, lay out
вы́работан	worked out
вы́разить	to express
высокоскоростно́й	high-speed
выста́вочный экспона́т	display at an exhibition
выясне́ние	identification
вычисли́тельная маши́на	computer
вычисли́тельный	computer
вычисли́тельный центр, управля́ющий возду́шным движе́нием во всей стране́	nation-wide computer routing system
ги́бель	downfall, perishing
госуда́рственные авиали́нии	state airlines
гражда́нский	civil
движе́ние	traffic
диапазо́н	range
диспе́тчер	controller
до́ля	part, portion
единогла́сно	unanimously
единоду́шный	unanimous
заве́рить	to assure
зада́ча	assignment
заменён	replaced
замени́ть	to replace
заплани́рованные ре́йсы	scheduled flights
запре́т	ban
запроекти́рование	designing
запро́с	request
запу́танный	confusing

зарегистри́рованный	filed
заручи́ться	to secure
изно́шенный	worn out
и́мпульсные приёмо-пере-да́тчики(на самолётах)	radio transponders; air-craft transponders
индика́тор	indicator
инкреме́нтный	incremental
ино́й	another
инструкта́ж	instructions
интегра́льный	integrated
интенси́вность движе́ния	volume of traffic
интерфе́йс	interface
исполни́тельный	executive
испо́льзование	utilization
испра́влен	revised
исто́чник	source
исче́рпывающая зая́вка	comprehensive bid
катастро́фа	catastrophe
компью́терная регистра́ция маршру́тов	computer flight-plan filing
компью́терный	computer (of foreign origin)
конкретизи́ровать	to give specifics of
ко́нкурсный	competing
констру́ктор	designer
координа́ция услу́г УВД	ATC coordination services
лётная полоса́	runway
маловероя́тный	unlikely
ма́рка	make, brand
маршру́т полёта	flight plan
маршру́тное и аэродро́мное сопровожде́ние при под-хо́де	enroute and terminal ap-proach radar services
маршру́тный	enroute
мастерство́	proficiency
мая́к	beacon
мето́дика	procedures

методика эксплуатации	operating techniques
модернизирован	up-dated
морская миля	nautical mile(knot)
набор	set
навигационные средства	navigational aide
надёжный	safe
наземные радиолокаторы	ground control radar
наземная радиолокация	ground radar
назревать	to become imminent
нарекание	criticism
нарушение секретности	breach of security
настоящий	present
научиться	to master
небрежный	casual
недостаточный	insufficient
нежели	than
нелепый	foolish
непоследовательный	inconsistent
низший	lower
обеспечен	provided
оборона	defense
обзор	survey
обслуживание	servicing
обширный	comprehensive, extensive
объединённый режим радарного управления заходом на посадку (ОРРУЗП)	integrated mode approach control radar (IMACR)
объявить конкурс заявок на	to solicit bids for
огни боковой кромки ВПП	runway border lights
огни осевой линии ВПП	runway center-line lights
огни рулёжной полосы	taxi-way lights
одобренный	approved
озабоченность	concern
оператор	operator
оснащённый	equipped

основы проектирования	design considerations(bases)
отдавать себе отчёт	to acknowledge, realize
отказаться	to reject
отклик	response
отражать	to reflect
отремонтирован	renovated
отчёт	report
очерёдность пунктов отвечает их значимости	they are arranged in order of importance
первоочередной	high-priority
перегруженность	over-taxed
перегруженный аэропорт	heavy-use airport
пересмотреть	to revise
перечень данных	fact sheet
пилот	pilot
подавляющия часть	vast majority
погибнуть	to perish
подряд	contract
позаимствовать	to adopt
позволить	to permit
полагаться	to rely upon
поощрять	to encourage
поставить под угрозу	to jeopardize
предложенный	proposed
предназначенный	designated
предоставить	to provide
препятствие	obstruction
приемлемый	acceptable, reasonable
приёмник	receiver
принадлежащий	belonging
принят	accepted
приобрести, приобретать	to acquire
присущий	characteristic
приходиться	to happen to,fall within
проба	trial, test

прогрáммы систéмы	soft-ware
продемонстрúрованный	demonstrated
проклáдывать	to plot
проклáдывающие фýнкции	plotting functions
проницáтельный	insightful
противоракéтный	anti-missile
противосамолётный	anti-aircraft
радиолокáтор	radar
радиолокáторные развёртки	radar sweeps
радиолокациóнные экспонá- ты УВД	ATC displays
радионавигациóнная аппара- тýра	radio navaid
радионавигациóнные устрóйства	radio navaids
радионавигáция	radio navigation
радиосвязь	radio communications
рáдиус	radius
разнообрáзный	diverse
расшúрить	to increase
рекомендáция	recommendation
реконстрýкция	renovation
рóскошь	luxury
руковóдствоваться	to be guided
рулёжная полосá	taxiway
ряд	series
самолёт	airplane
связь	communications
связь "землá-вóздух"	ground-to-air communications
связь комáндно-диспéтчер- ских пýнктов	control tower communications
связь с диспéтчерским пýнктом при посáдке	control tower communications
систéма слепóй посáдки (ССП)	instrument landing system (ILS)
скúдка	discount

сконструи́рование	structuring
снабди́ть	to furnish
соображе́ние	consideration
сопротивля́ться	to oppose
состоя́вшийся	which took place
со́тни	hundreds
спи́сок первоочередны́х задáч	list of priorities
спра́вочник	manual
сре́дства диспе́тчерской слу́жбы аэродро́мов	terminal control facilities
сре́дства назе́много радио-лока́торного управле́ния	ground-control radar facilities
сре́дства управле́ния дис-пе́тчерской слу́жбы	terminal control facilities
столь	such a
строи́тельный	construction
с учётом	in light of
те́хника	technical devices, equipment
техни́ческая консульта́ция	technical advice
техни́ческие характери́стики	technical specifications
траекто́рия полёта	approach path
тре́буя	requesting, demanding
тренажёр	training device
трениро́вочные помеще́ния	training facility
уклó́нчив	evasive
улучше́ние	improvement
управле́ние возду́шным движе́нием(УВД)	Air Traffic Control (ATC)
усоверше́нствованный	improved
устаре́вший	antiquated
уче́бная програ́мма	training program
ча́стное лицó	private person
шанс	chance
штра́фная неусто́йка	penalty
экра́н	screen

экра́н радиолока́торного индика́тора	radar scope
эксплуата́ция	operation
экстраполя́ция	extrapolation
электро́нный	electronic
эффекти́вный	efficient

FOR   NOTES

FOR   NOTES

FOR   NOTES

FOR   NOTES